Johow, Carl Johann Siegmund

Die preussischen Befreiungskriege 1813 – 1815

AF131844

Johow, Carl Johann Siegmund (Autor)
Johow, Carsten (Herausgeber)

Die preussischen Befreiungskriege 1813 – 1815
Eine Chronik, niedergeschrieben im Herbst 1852

ISBN: 978-3-941482-84-5
Auflage: 1
Erscheinungsjahr: 2010
Erscheinungsort: Bremen, Deutschland

N.B.: Das Manuskript stammt aus dem Jahr 1852 und weist eine
Reihe von sprachlichen Besonderheiten auf. Diese wurden nur
soweit bearbeitet, wie dies für die Lesbarkeit des Textes un-
bedingt erforderlich erschien.

Die preußischen Befreiungskriege
1813 bis 1815

Niedergeschrieben im Herbst 1852

Carl Johann Siegmund Johow
Hauptmann a. D.

Vorwort von Ernst Johow

Der Bericht des Hauptmann Johow über seine Teilnahme an den Befreiungskriegen 1813/1815 lag als eine vergilbte Ablichtung der Urschrift bei den Familiendokumenten meiner Eltern in Buer. Wo das Original sich befinden mag, ist unbekannt.

Der Bericht ist in deutschen Schriftzeichen der damaligen Zeit vom Verfasser niedergelegt worden und nicht in allen Teilen einfach zu lesen. Deshalb scheint es mir geboten, ihn für kommende Generationen in lateinischer Schrift wiederzugeben und dabei zu versuchen, die Schreibweise und Zeichensetzung dem heutigen Gebrauch anzupassen, wenn es auch nicht immer gelungen ist.

Der Bericht ist sowohl im Stil wie in der Darstellung der Ereignisse von hervorragender Klarheit und Sachlichkeit. Die Leistungen des Hauptmann Johow in den Befreiungskriegen stehen denen seines Enkels, des Generalmajors Georg Johow im ersten Weltkrieg, würdig zur Seite. Deshalb habe ich den mir darüber bekannt gewordenen Bericht zum Schluss hinzugefügt.

Die wünschenswerte Erläuterung einiger Familienzusammenhänge ist im Nachwort gegeben .

Bonn, im März 1969

Ernst Johow

< Am Rande >

"Der Wert des Ruhmes verliert von seinem Wert, wenn der Gerühmte selbst mit Ruhm sich ehrt."

Äneas in Troilus und Cressida (1 Akt, 3. Szene) von Shakespeare

Agamemnon (2 Akt 3.Szene) :

"Jeder, der sich anders als durch Tat selbst lobt, vertilgt die Tat durch das Lob."

Ulysses 3. Akt, 3 Szene) :

1 Die Zeit hat einen Ranzen auf dem Rücken

2 Almosen sammelnd für Vergessenheit

3 Das große Scheusal der Undankbarkeit

4 Die Brocken sind gesche'ne Tat, verzehrt

5 So schnell, als sie geschehen und schon vergessen

6 Wann man sie tat. Beharrlichkeit, o Freund

7 Hält Ehr' im Glanz. Geschehne Tat hängt da

8 Wie aus der Mode, wie ein rostiger Panzer

9 Als spöttisch Denkmal. Geh' den nächsten Weg!

10 Denn Ehre reist auf enger Strasse, so

11 Das einer nur kann gehn: drum nimm sie ein

12 Denn Neid hat tausend Söhne, wovon einer

13 Dem anderen nachfolgt; gibt man ihnen Raum

14 Und weicht seitwärts vom geraden Wege ab

15 So stürzen sie wie schnelle Flut vorbei

16 Und lassen uns zurück

17 Wie unser Ross, wenn's ficht im ersten Glied

18 Uns lässt als Pflaster für den schlechten Nachtrab

19 Der darüber stürzt und stampft, - Was die jetzt tun

20 Wenn schlechter gleich als wir, gilt dennoch mehr

21   Die Zeit ist gleich 'nem Wirt nach neuer Mode

22   Der lässig drückt dem Gast die Hand, der geht

23   Doch offnen Arms, als ob er fliehen wollte

24   Den grüsst, der kommt: willkommen lächelt stets

25   Ade geht seufzend fort. Nicht suche Tugend

26   Vergeltung für die Tat, die sie getan

27   Denn Schönheit, Witz

28   Rang, Kraft der Knochen, das Verdienst im Kriege

29   Lieb', Freundschaft, Huld sind alle untertan

30   Der neidischen, verleumderischen Zeit

31   Natur macht darin alle Welt verwandt

32   Das neugebornen Tand ein jeder preist

33   Entstandt und formt er sich aus Altem gleich

34   Dass jeder Staub, der nur mit Gold beklebt,

35   Mehr lobt als selbst das überstäubte Gold.

Vorwort

Carl Johann Siegmund Johow

Meine lieben Kinder

Eurem Wunsche gemäß übergebe ich Euch anliegend den Bericht über meine Teilnahme an den Befreiungskriegen von 1813/15 und meiner Wirksamkeit während derselben. Dieser Aufsatz ist ohne Konzept aus dem Gedächtnis treu und wahr niedergeschrieben, wie er vorliegt. Dies ist mir schwer geworden, nicht etwa weil ich mich nicht für fähig hielt, eine solche Arbeit zu liefern, sondern deshalb, weil ich ungern von mir selbst rede, indem solches von anderen fast immer missverstanden wird. Ist Euch also an der Beilage etwas gelegen, so lasst sie nicht abhanden kommen, da ich die Arbeit schwerlich zum zweiten Male machen würde.

Wenn Ihr bedenkt, dass in den drei Kriegsjahren nach und nach 600 000 Preußen als Soldaten zur Tätigkeit gelangten, wie viel kann von den in jener Zeit Stattgehaltenen mannigfachen Begebenheiten auf einen Menschen in untergeordneter Sphäre wohl gerechnet werden? Ihr wollt hiernach die Schwere Eurer Anforderung an mich um so mehr ermessen, als Ihr bereits das Mannesalter selbst betreten habt und so gebildet seit um beurteilen zu können, wie schwierig es ist, über etwas zu sprechen oder zu schreiben, wobei man selbst im Verhältnis zu 1/600 000 Teil ein wenig mit zur Handlung gelangt ist, ohne in Extreme zu geraten.

Längst hinter uns liegende Taten ganzer Völker, Herrscher, Feldherren und sonstiger großer Männer werden von den Nachkommen in der Regel und aus sehr natürlichen Gründen mit Gleichgültigkeit gelesen; was könnte dann mein kleiner Beitrag wohl wiegen?

Wenn er eben nicht bloß eine Erinnerung ab und zu an Euren Vater sein sollte, der das Glück hatte, in einer tatenreichen Zeit zu leben und ein wenig mitzuwirken an dem großen Werke der Befreiung vom vieljährigen Druck des Feindes, welche Preußens Volk mit Gott für König und Vaterland in Treue und Begeisterung erkämpfte. Im Hinblick auf diese Umstände kam ich zu dem Entschluss , den Aufsatz abzufassen, dass ich aus den Tatsachen selbst meine Wirksamkeit hervorgehen ließ auf die Gefahr hin, dass die Darstellung mir eintönig erscheinen könnte und die Einschaltungen geringer Art als zum Ganzen nicht gehörig von diesem oder jenem angesehen werden möchte.

Daher wünsche ich, das dieser Gesichtspunkt beim Lesen der Anlage maßgebend sein und dieselbe zum Andenken gereichen möge an

Euren

Euch liebenden Vater

Johow

Berlin, im Herbst 1852

Auf den Wunsch meiner Kinder, meine Wirksamkeit während der Befreiungskriege von 1813/15 niederzuschreiben, bemerke ich folgendes.

I.

1813

Als der Ruf des hochseligen Königs Majestät unterm 3. Februar 1813 an das Volk, zur Befreiung vom französischen Druck, erfolgte, war ich bereits seit fünf Jahren als Beamter in Rheinsberg angestellt. Hier lebte ebenso lange ein Hauptmann a.D. von Drieberg, der bis 1806 im Königs Regiment zu Potsdam gedient hatte, in der Schlacht von Jena mehrmals verwundet und auf dem Kampfplatz durch des Königs Majestät vom beinahe jüngsten Leutnant zum Kapitän ernannt worden war. Wir waren uns beide fast tägliche Gesellschafter und unterhielten uns viel über Krieg. Bei der Nachricht von dem Rückzug der Franzosen aus Russland sagte v. Drieberg eines Tages:

„Ich glaube, die Stunde für Preußens Erhebung wird bald schlagen, ich schließe mich der Armee in diesem Falle wieder an, so leidend ich auch bin, und Sie müssen dann auch mit."

Dies versprach ich ihm und wir fingen sogleich damit an, dass er mich in seiner Wohnung ganz im Stillen mit den Waffen vertraute, vollständig einexerzierte und wir dann das Exerzierreglement gründlich durchnahmen und durchmachten. Diese Umstände und die nachfolgenden Bemerkungen greifen in mein Militärleben sehr wesentlich ein, weshalb ich sie voranstelle, weil sonst manches in demselben unwahrscheinlich erscheinen könnte.

Der v. Drieberg war auch des Königs Majestät in allem sprechend ähnlich und der König hatte für Ihn eine besondere Vorliebe. Als Seine Majestät nach dem Tode Ihro Majestät der Königin 1810 von Strelitz in Mecklenburg kamen, verweilte der König in Rheinsberg und empfing von den Notabeln der Stadt und Umgegend die Cour, wobei der dortiger Justizrat Bolte die Vorstellung inne hatte. Von Drieberg war auch dabei und ich musste mich ihm anschließen. Seine Majestät bemerkten bald den v. Drieberg, dann auch mich und sagte zu dem Justizrat, auf mich zeigend:

„Der junge Mann muss auch Soldat werden, er ist blühend und gesund."

Der Justizrat erwiderte:

„Eure Majestät, dies wird geschehen, sobald seine Ausbildung für die Justiz vollendet ist."

Ich konnte also selbstsprechend ohne weiteres meinen Posten nicht verlassen, um sofort, wie ich es wünschte und wollte, zu den Waffen zu eilen, vielmehr musste ich auf Verlangen meiner vorgesetzten Behörde erst einen Stellvertreter schaffen. Nur nach vielem Hin- und Herschreiben, und bei einer eigenes deshalb nach Berlin unternommenen Reise gelang es mir, beim Kammergericht einen Stellvertreter für meinen Posten zu gewinnen.

Bei dieser Gelegenheit ging ich unter den Linden, es gesellte sich, indem ich das Brandenburger Tor ansah, ein Herr zu mir, den ich nicht kannte, mit der Anrede:

„Sie sind wohl fremd?"

Was ich mit ja beantwortete.

„Sie vermissen dort oben (nach dem Tore zeigend) die Siegesgöttin?"

„Die Zeit wird kommen, wo sie ihren Platz wieder einnimmt".

Der Herr sah mich verwundert an und erwiderte:

„Junger Mann, wo denken Sie hin: Napoleon ist zwar geschlagen und es steht jetzt schlecht um ihn; allein zwischen hier und Paris liegen viele Festungen, Flüsse, Täler und Berge, die alle erst mit Toten ausgefüllt werden müssen bis zur Siegesgöttin! Gott gebe, dass Ihre Wünsche in Erfüllung gehen."

So trennten wir uns.

Inzwischen waren schon aus Schlesien der Befehl hier angelangt, keine Freiwilligen aus der Mark dorthin abgehen zu lassen, weil sie von den Franzosen aufgefangen würden: Vielmehr sollten die noch vorhandenen Freiwilligen entweder in einzelne Trupps gesammelt um über sie dann weiter zu verfügen, oder zum freiwilligen Eintritt in die unterm 17 März 1813 gestiftete Landwehr vermittelt zu werden. Wie ich waren noch viele andere junge Beamte, Juristen, Theologen, Forstbeamte, Privat Jäger, Forstbeflissene usw. durch Amts − oder Privat- Verhältnisse behindert, sich den Fahnen gleich nach dem 3. Februar anzuschließen. Dies konnte erst geschehen, als im März von oben her der Befehl erschien, in Ruppin ein Bataillon vorzugsweise aus den vorhandenen Freiwilligen der Mark zu bilden, um aus Belagerung der Festung Spandau, die von den Franzosen besetzt war, verwendet zu werden. In dieses Bataillon traten wir alle als Freiwillige ein und wurden schnell in den Waffen usw. geübt. Am 8. April geschah die Wahl der Offiziere, aus welcher ich als Leutnant hervorging, und im Mai war die Formation beendet. Wer vermag meine Freude zu schildern, als mir eröffnet wurde, dass ich zur ersten. Kompanie versetzt und mein Freund und Lehrer v. Drieberg zum Compagnie Chef ernannt worden sei. Bei seinem Eintreffen war es eine Lust und ein Jubel, was unbeschreiblich ist. Wir waren von Anfang bis zum Ende unzertrennlich, lagen in einer Hütte oder beim Wachfeuer: Sein Geld war auch meine Kasse und umgekehrt. Er brachte mich bald dahin, dass ich ihn, weil er öfter noch an seinen Wunden litt, vollständig als Kompanie- Führer vertreten und die Kompanie in seinem Geiste exerzieren konnte. Außer mir erhielten wir zur Kompanie einen ganz jungen Mann namens Hans von

Zieten als Leutnant: seine Mutter war die Tochter des Vater Zieten aus dem siebenjährigen Krieg, welche an einen H.v. Zieten bei Ruppin verheiratet gewesen.

Wir rückten nun nach Spandau gerade an dem Tage, als die Franzosen den Ort durch Kapitulation hatten verlassen müssen. Es wurde mir an diesem Tage die Ehre zuteil, die erste Wachparade, unter dem Kommandanten Obersten v. Brookhausen, zu kommandieren.

Dies war mir natürlich neu und fremd: Allein v. Drieberg wusste, das mich das Kommando treffen würde, er instruierte mich deshalb vorher ganz vollständig. Nach der Parade belobte mich der Kommandant öffentlich vor den jungen Offizierkorps wegen meines schönen und richtigen Kommandos, wie er sagte, welches zur Folge hatte, das ich, als bald darauf die Wahl der Premier Leutnants erfolgte, zum Dritten dieses Ranges im Bataillon ernannt wurde, unter Vorbehalt eines später zu erteilenden Patents dieser Charge, was vom 18 April 1814 ab datiert erfolgte. An dem oben bemerkten Tage bezog ich auch die erste Citadell–Wache, wo selbst ich noch mit der schleunigen Beseitigung der erschossenen und durch die Explosion des Pulverturms unter dem Schutt des eingestürzten Bastion vergrabenen verstümmelten Franzosen viel zu schaffen hatte, mir aber am folgenden Morgen auch die Genugtun zuteil wurde, den die Festung besuchenden Herrn und Damen der Residenz Berlin über alles Auskunft zu geben und ihnen als Führer dienen zu können. Unsere Zeit in Spandau wurde durch vieles Exerzieren, Wachdienst, Ronden, Patrouillen, Felddienstübungen und Wiederherstellung der zerschossenen Wälle usw. vollständig ausgefüllt.

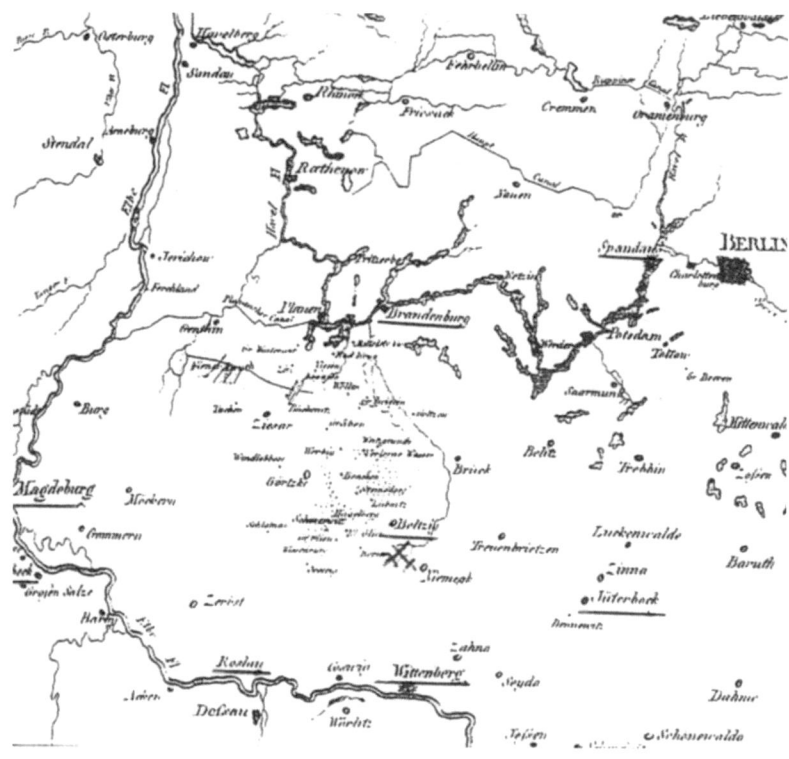

Karte von Brandenburg

In den Orten, die unterstrichen sind, war Carl Johann Siegmund Johow im
Jahre 1813 eingesetzt

II.

Bei unserem Abmarsch von Spandau, welcher anfangs Juli zum Einschließungs-Korps vor Magdeburg unter General v. Putlitz erfolgte, wurde mein Bataillon zur Parade vor des Königs Majestät nach Potsdam befohlen.

Seine Majestät hielten bei meinem Cap. v. Drieberg, welcher den ersten Zug führte, stille und reichte ihn die Hand unter dem Ausdruck der Freude, ihn wieder bei der Fahne zu sehen. Dann kamen Seine Majestät auch an mich, - ich führte den 2. Zug- und sagte zum Major, auf mich zeigend: „Den Mann kenne ich auch."

Nach der Parade fragte mich der Major, von woher Seine Majestät mich kenne, und ich erzählte ihm nun den vorgedachten Fall von Rheinsberg. Auf dem Weitermarsch von Potsdam erhielt meine Kompanie ein Nachtquartier in Fahrland: Der Cap. v. Drieberg auf dem Amte und ich beim Prediger. Letzterer sagte zu mir beim Eintreten:

„Sie haben ja eine große Ehre genossen, Seine Majestät den König an der Spitze Ihrer Compagnie zu haben."

Als ich ihm sagte, dass es kein anderer als der Cap. v. Drieberg sei, rief er freudig aus: „Nun so sehe ich meinen alten Freund wieder" und erzählte nun weiter. Der König sei vor 1806 eines Sonntag morgens ohne Wissen Ihrer Majestät der Königin nach Sansousi gegangen. Auf der Parade habe die Königin den König mit einem Offizier hin und her gehen sehen und dem Könige Kussfinger zugesandt, der König sei aber jedes Mal dabei umgekehrt. Als der König endlich oben ins Schloss gekommen, sei die Königin böse gewesen, der König habe aber versichert, eben erst aus Sansouci gekommen, nicht auf der Parade gewesen zu sein und keine Kusshändchen gesehen zu haben. Dem König sei dann v. Drieberg eingefallen, hätte denselben durch Natzmer rufen lassen und ihm nun bei

Tische, als den Doppelgänger Seiner Majestät, der Königin Majestät vorstellen lassen. V. Drieberg bestätigte mir diesen Vorfall als wahr. Mein Wirt war der Feldprediger im Königs Rgt. gewesen

Von Fahrland marschierten wir nach Magdeburg zu, um dort uns mit der sechsten Kurmärk. Landwehr-Brigade[1] zu vereinigen, der wir als 4. Bataillon[2] unter Beibehaltung der Freiwilligen–Abzeichen zugeteilt wurden.

Erst Anfang 1814 wurde dies Bataillon aufgelöst und dasselbe den drei anderen Landwehr-Bataillonen einverleibt, welche nun das sechste – jetzt vierundzwanzigste – Landwehr–Regiment bildeten.

Unser Dienst vor Magdeburg war bis zum Ende des mit Napoleon geschlossenen Waffenstillstandes sehr beschwerlich: außer dem Exerzieren, Wach- Patrouille- und Ronde- Dienst mussten wir uns bei stetem Tragen jeden Abend in verschiedene Trupps für die Nacht konzentrieren, auch Schanzen usw. bauen.

---

[1] Komandeuer Major v. Rohr
[2] Komandeur Major v. Woisky

III.

Mehrere Tage vor dem 21. August manövrierte der französische General Gerard mit seiner Division auf dem Platz zwischen Magdeburg und dem Gehölz von Biederitz; ich hatte in der Nacht vom 20. – 21. das Kommando über hundert Mann in der Schanze bei der über den Fluss Biederitz auf der großen Strasse von Berlin nach Magdeburg gelegenen Brücke. Mein Bataillon biwakierte nicht weit von mir in und bei Biederitz-Dorf, das Gros bei Schulzendorf Menz usw., sämtliche Vorposten am Rande des vorgedachten Gehölzes. Am 21. rückte der Feind ebenfalls wieder von Magdeburg aus, greift nun aber, statt wie bisher zu exerzieren, unsere Vorposten und Vedetten an, welche sich eiligst auf ihre *Sontiens* zurückziehen mussten. Sofort ließ ich die schon vorher losgemachten Bohlen von der Brücke abnehmen und bereitete mich auf den Angriff meiner Schanze vor. Allein der Feind wandte sich kurz vor mir südlich nach Menz in die Gegend, wo die Biederitz in die alte Elbe fließt. Hier war eben unser kleines Corps von 5000 Mann mit drei Kanonen aus dem Lager angekommen, um den Feind, der 13.000 und dreizehn Kanonen hatte, den Übergang über die Brücke streitig zu machen. Nach längerem blutigem Widerstand mussten wir doch der Übermacht weichen und uns rückwärts zwischen Königsborn, Schulzendorf usw. so aufstellen, das wir die große Strasse von Magdeburg nach Berlin im Rücken hatten, von der wir uns nicht abdrängen lassen durften. Der Feind griff unser Häuflein gleich mit aller Kraft an, wir mussten von Position zu Position, doch immer nur nach harten Kämpfen zurückgehen. So war es ungefähr bis mittags ein Uhr dem Feind trotz seiner dreifachen Überlegenheit nur möglich geworden, uns die kurze Strecke von Menz, Schulzendorf usw. bis Königsborn abzugewinnen. Hier machte der Feind Halt und stelle sich an diesem hochgelegenen Dorfe, auf der Seite nach Biederitz-Magedeburg zu, in der von einer gegen Überschwemmung mit einer hohen Lehmmauer umzogenen Niederung, in Kolonne auf, während unser Korps sich – Königsborn links lassend- nach dem Dorf Gerwisch zog und dort eine neue Stellung nahm, wo es nur der Hauptstrasse nahe war; wir hatten nun Krichelwitz und Biederitz in unserer rechten Flanke.

Mein Bataillon musste, beim Zurückgehen des Korps auf Gerwisch sich auf die linke Flanke des Feindes, die er nach Biederitz hatte, mit dem Befehl in Bewegung setzen, seinen Marsch zu beobachten und bei eigener Gefahr, abgeschnitten zu werden, sich in schräger Linie Biederitz links und Königsborn rechts lassend, nach Gerwisch zurückziehen. Wir hatten den Marsch des Feindes bis Königsborn verfolgt, wo er plötzlich unserem Gesichtskreise entschwunden war. Der Bat.-Kommandeur ließ halten, kam nach dem rechten Flügel des Bataillons geritten, wo wir ihn darauf aufmerksam machten, ob wir uns nicht vielleicht schon zu weit über den von Königsborn nach Biederitz-Magdeburg führenden Weg, also von unserer Rückzugslinie entfernt hätten; das Bataillon musste jetzt links schwenken, wir hatten nun die Front nach Königsborn und dem Lehmwall. Ich erhielt darauf den Befehl, mit meinem Feldwebel, einem gelernten Jäger, dessen Büchse nie fehlte, und mit den besten Schützen meines Zuges auf die Lehmmauer zu vorgehen. Ich erstieg deshalb zugleich mit dem Feldwebel Klöpper - der nachher in Oranienburg Förster war, jetzt aber tot sein soll - den Lehmwall; indem ihm seine Büchse nachgereicht wurde und er mit dem Oberlaib auf dem Wall hängen blieb, sagte er mir im Ersteigen:

„Mein Gott, da steht der Feind dicht unter uns."

Zu dem Augenblick stand ich auf dem Lehmwall und sah nun auf 40 bis 50 Schritt den General Gerard an der Spitze seines hinter der Mauer in Kolonne aufgestellten

9

Korps gerade ins Auge. Mein Feldwebel wollte nun liegend in die Masse hineinschießen und als ich dieses verbot, wollte er sich den General Gerard langen, wie er sagte; ehe dieses geschah, war er aus seiner Lage zurück auf die Erde gerutscht, wodurch das Leben des Gerards gerettet wurde. Ich beauftragte nun den Feldwebel, schnell zum Bat.-Kommandeur zu eilen (dem ich schon von oben einen Wink zum Abmarsch nach der linken Flanke gegeben hatte) und ihm zu sagen, dass wir zu weit vor und also umgangen wären. Meine Schützen ließ ich nach dem Durchschnitt in der Lehmmauer, durch welchen der Weg von Königsborn nach Biederich ging, voraneilen und sprang dann auch rückwärts von dem Wall, worauf ich den Schützen folgte. Mit ihnen zugleich dort angekommen, sah ich nun, dass General Gerard eben seine Befehle erteilte und mein Bataillon nicht fern von mir über den verhängnisvollen Weg hinfort marschierte, als eben eine starke Kavallerie-Patrouille aus Königsborn gesprengt kam und nach Biederitz zu wollte. Als sie nahe bei uns bei dem Walldurchschnitt heran waren, prallten sie plötzlich zurück, kehrten nun und eilten auf den General Gerard zu, der sie eintreten ließ. Hierauf folgten wir schnell unserem nun geretteten Bataillon, welches sich halbrechts nach Gerwisch zog. Aber bald erreichten uns die feindlichen Tirailleure[3], von denen wir nur durch einen uns rechts begleitenden Hochangeschwollenen Feldgraben getrennt waren. Eine Strecke vor Gerwisch passierten wir ein tiefes, durch den Graben überschwemmtes Terrain und gewannen so, bis über den Unterleib durchnässt, dem Feinde einen Vorsprung ab, um uns unserem Korps noch rechtzeitig wieder anzuschließen und an den nun beginnenden zweiten Moment des Gefechtes ebenfalls wieder teilnehmen zu können.

---

[3] franz. Schützen

Das Gros des Feindes folgte nach Gerwisch und es entspann sich nun bald vor und im Dorf ein bedeutendes Einzelgefecht, wo jedes Gebäude genommen, verloren, wieder erobert und wieder verloren wurde und mehrere Einwohner, Männer und Frauen, mit erschossen waren. Die Stellung wurde dreimal genommen und verloren; beim vierten Angriff mussten wir dieselbe aufgeben und uns auf das Gros zurückziehen.

General Gerad

Beim ersten Vorrücken gegen die feindlichen Tirailleure wurde der Führer derselben von meinen Schützen erschossen; sie brachten mir sein auf sie zugeteiltes Pferd, welches ich ihnen mit Zehn - bezahlte; es war aber bauchschlägig, also überritten, ich vertauschte es später gegen ein besseres und zahlte zu.

Im Avancieren hatte ich einen Unteroffizier namens Held und einen Hornisten zur Seite, als eine Kanonenkugel zwischen uns 3 und der Schützenlinie in die Erde schlug, darin herumwühlte, sich wieder hob und dann weiterging. Währenddessen zerrte Held an meiner Uniform, und ich schloss daraus, dass er mich von der Stelle weghaben wollte; ich blieb aber stehen, ließ die zweite und dritte Kugel an dem nämlichen Fleck einschlagen und weitergehen, dann erst durchschritten wir 3 die Schusslinie. Held konnte nicht begreifen, warum ich stehen geblieben; ich belehrte ihn, dass die Artillerie aus einer Richtung 3 Schüsse in der Regel hintereinander tue, bevor sie eine andere Richtung nehme. Dieses wirkte so auf Held, dass er am 27. August bei Hagelsberg tapfer auf die feindlichen Tirailleure losging und zehn oder zwölf Gefangene machte, wofür ihm einstimmig das Eiserne Kreuz[4] zuerkannt wurde; er war ein ganz junger Mann, der am 27. erst zum zweiten Mal unter Feuer kam.

Auf dem Rückmarsch von Königsborn nach Gerwisch wurde ein Unteroffizier Blumenthal, in Zechlin bei Rheinsberg zu Hause, ein riesiger starker Mann mit einer Patrouille seitwärts nach Kriebelwitz detachiert, um zu erforschen, ob der Feind dorthin nicht Tirailleurs vorgeschoben habe; er geht in ein Haus, seine Leute bleiben draußen, und er findet drei Franzosen am Herd in der Küche, die ihn gefangen nehmen wollen. Zwei von Ihnen fasst Blumenfeld schnell in den Kragen, stößt sie mit den Köpfen in solcher Vehemenz aneinander, dass sie zur Erde stürzen, und durchstößt den Dritten mit dem Bajonett, dann ruft er seine Schützen, um Zeuge von dem Vorfall zu sein.

---

[4] siehe hierzu Ordensliste in den Aufzeichnungen des Oberst Leutnants v.d. Marowitz von 1814

Jetzt versuchte das Gros des Feindes durch Gerwisch zu kommen, um sich uns gegenüber vor dem Dorfe entwickeln zu können; unsere drei Geschütze verhinderten dies, aber über eine halbe Stunde und erst nach dem das erste Geschütz demontiert war, vermochte unser Häuflein nicht mehr dem Feind die Entwicklung und Aufstellung seiner dreizehn Geschütze länger streitig zu machen, dies war ungefähr um vier oder fünf Uhr nachmittags. Unser General von Putlitz erkannte nun wohl, dass es Zeit sei, dem unnützen weiteren Blutvergießen ein Ende zu machen, um so mehr als der Feind jetzt die Höhenstellung von Gerwisch innehatte und so unsere niedrigen Positionen von allen Seiten bestreichen konnte. Wir hatten erreicht, dass der Feind auch vor der Landwehr und den jungen Freiwilligen Respekt bekam. Preußische Tapferkeit strahlte auch heute im schönsten Glanze.

Wir marschierten ganz ruhig vor den Augen des Feindes erst in Zügen, dann in Sektionen vom Kampfplatz ab nach Burg zu, wurden noch eine Strecke verfolgt und dann aber in Ruhe gelassen, nachdem wir etwa 8 bis 9 Stunden mit Einschluss der notwendigen Positionsveränderungen im Feuer gewesen waren gegen einen dreimal stärkeren Feind. Der Marsch ging die Nacht durch bis Brandenburg, wo wir in den Morgenstunden bei Regen und Sturm, mit leerem Magen und sehr erschöpft anlangten und vor der Stadt im Freien lagerten. Die lieben Bewohner der Stadt strömten uns mit Kaffee und Esswaren zu; der nahe gelegene Galgen war der einzige Gegenstand, welcher uns während des Essens und Trinkens gegen Wind und Wetter ein wenig schützte, was uns bald die Anstrengungen vergessen machte, uns von Neuem belebte und froh allen Ungemachs zur Heiterkeit umstimmte. Wir werden die Freundlichkeit der geehrten Bewohner Brandenburgs gegen uns bis zum Tode in dankbarem Andenken bewahren.

IV

Der General (- Major) v. Putlitz vereinigte sich nun mit der Division v. Hirschfeld, und so traten wir dann am 23. August während der Schlacht von Groß–Beeren als die Reserve von Tauentzienschen Korps auf, dem wir nunmehr angehörten und mussten aber am 24. wieder gegen die feindliche Division Gerard aufbrechen, die inzwischen nach Belzig gezogen war. Am 25. wurde dorthin aus der Gegend Brandenburgs eine große Rekognoszierung von Infanterie, Kavallerie und Artillerie vorgenommen, aus der Vorpostenlinie des Feindes eine Voltigeur–Kompanie herausgeholt und nach tüchtiger Gegenwehr gänzlich gefangen. Nachdem wir so die Stellung des Feindes erspäht hatten, gingen wir ins Biwak zurück.

Beim Antreten am 25. August früh stand neben meinem Bataillon ein Landwehrbataillon aus Frankfurt an der Oder. Der Oberst (- Leutnant) von der Marwitz[5] führte diesen Tag die Truppen. Auf einmal sahen wir den Obersten wütend nach dem rechten Flügel des Frankfurter Bataillons sprengen und einen Mann desselben totstechen. Wir hörten, der Erstochene - ein Frankfurter Bürger, Bäckermeister und Familienvater- habe ein bisschen zu tief in die Flasche geguckt und beim Aufnehmen des Gewehrs dasselbe nicht fest an die Schulter gebracht. Auf den Verweis des Obersten, der freilich ein wenig mehr als bloß heftig war, soll der Mann etwas geantwortet haben.

Am 26. morgens gingen wir verdeckt um den rechten Flügel des Feindes herum, der sein Gros zwischen Lübniz und Hagelsberg aufgestellt hatte und biwakierten in seiner Flanke die Nacht in einem Gehölz ganz stille und ohne Feuer, ohne vom Feind bemerkt worden zu sein.

---

[5] Oberstleutnant Friedrich August Ludwig von der Marwitz (1777 – 1837)

V.

Die Absicht unseres Generals war, den Feind am 27. morgens bei Lübnitz plötzlich in der rechten Flanke und im Rücken anzugreifen oder ihn womöglich in seinem Lager bei Lübnitz zu überrumpeln. Dies wurde aber durch das unberufene Vorgehen einzelner Kosaken vereitelt, was den Feind jedoch nicht hinderte, im Lager ruhig zu kochen, so wenig schien er von der ihn umgebenden Gefahr unterrichtet zu sein und hatte die Kosaken wahrscheinlich nur für Streifpatrouillien gehalten. Die Disposition unseres Divisions-Generals musste verändert werden: Das Korps wurde in drei Kolonnen Infanterie und eine Brigade-Kavallerie abgeteilt. Die Artillerie kommandierte der russische Capitain Graf Chambeau, sie hatte elf russische und zwei preußische Kanonen. Mein Bataillon gehörte zur Kolonne, die Lübnitz und das feindliche Lager im Rücken anzugreifen hatte. Wir marschierten noch eine Strasse im Walde fort, hatten dann bei einer Schwenkung rechts den Saum des Waldes erreicht, und Lübnitz lag nun um zehn Uhr morgens vor uns. Jetzt wurde links deployiert, und die drei Bataillone des ersten Treffens, zu welchem wir gehörten, avancierten auf Lübnitz zu, von woher wir durch das Feindliche Geschütz arg mitgenommen wurden, den es fielen gleich der Hauptmann von Bonin-Moellendorf aus Prignitz und noch drei andere Offiziere. Außer den Verwundeten; wurde dem Reitknecht des Majors von Woisky der Kopf weggeschossen.

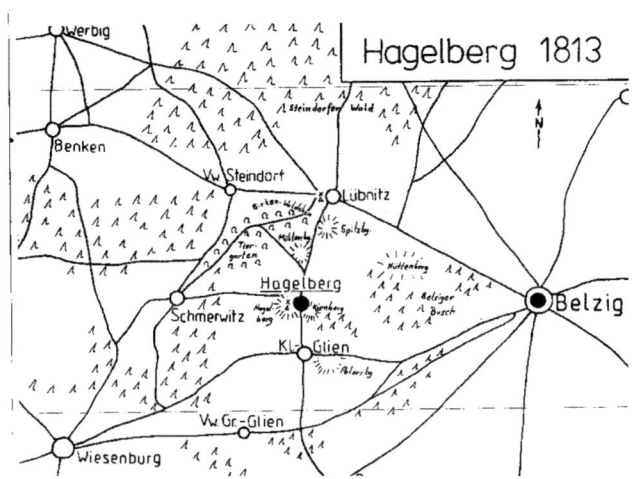

Karte zum Gefecht bei Hagelberg (Broschüre zur 175-Jahresfeier)

Allein wir erreichten doch bald das Dorf, was nun von allen Seiten, mithilfe des zweiten Treffens und der rechts neben uns dem Feind in der Flanke operierenden Kolonnen nebst Kanonen mit Mut und Hurra, angegriffen und genommen wurde. Der Feind verließ das Dorf und stellte sich mit dem Rücken gegen den Hagelsberg auf, mein Bataillon zog sich durch Luebniz, während die übrigen rechts und links um das Dorf gingen.

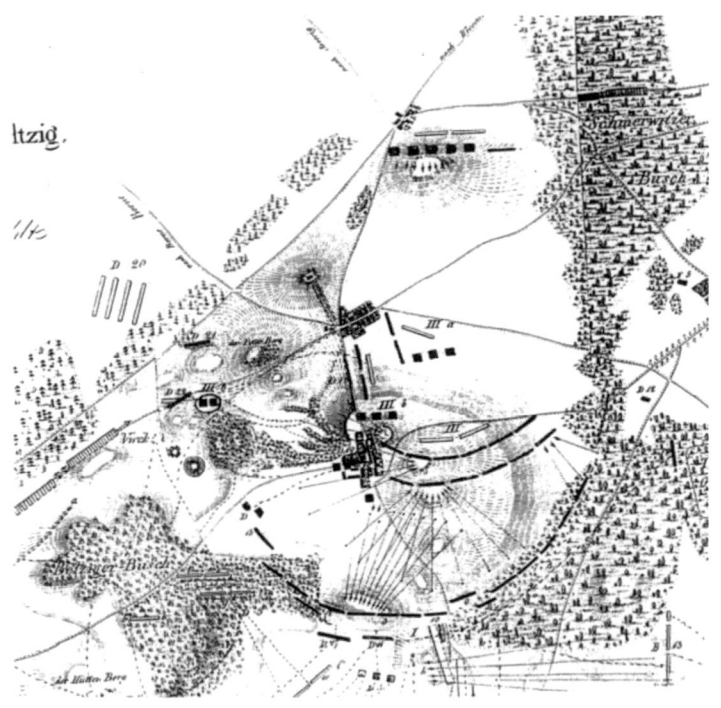

Lageplan der Schlacht am Hagelberg

Oberst von der Marwitz

Russische Batterie welche bei Lübnitz zurückblieb (D1)

Anmarsch der Truppen des Generals Czericheff von Belzig (D2)

Die Tiralleure der Brigade Marwitz greifen den Belziger Busch an und reinigen denselben vom Feinde, nachdem die in IIc auf dem Hüttenberg gestandenen Feinde abmarschiert sind. (D3)

Rückzug der Truppen die bis Gross – und Klein Glien vorgedrungen waren (D4)

Abmarsch der Brigade Marwitz hinter dem rechts stehenden Bataillon weg und Aufstellung gegen Hagelsberg (D5)

17

III

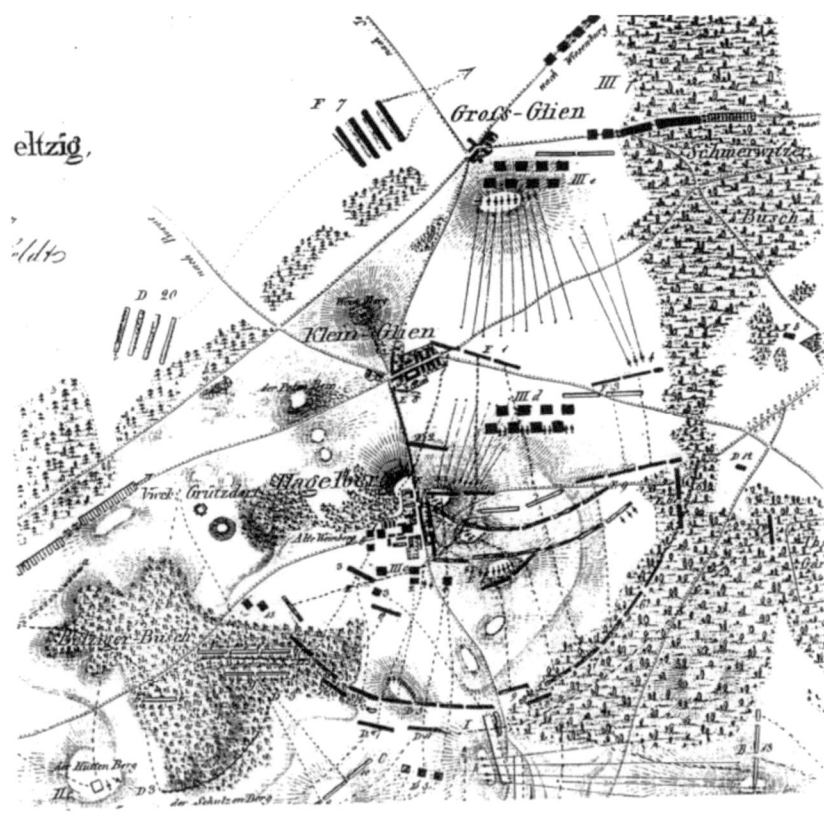

Aufstellung des Feindes bei Hagelsberg, wohin er sich von Groß- Glien und von Belzig her zusammen gerückt ist

Fernere Aufstellung gegen Hagelsberg neben der in D5 postierten Brigade Marwitz und zwar:
Der beiden Musketier Bataillone des Reserve Regiments und ihrer
Tiralleure *(D6)*
Fernere Aufstellung:
Der Bataillone Ozorovsky, Grollmann und das Elbbataillion *(D7)*
Des Überrestes von Bornstedt *(D8)*
Vormarsch und Aufstellung des Bataillons Rembow *(D9)*
Aufstellung der Füsiliere des Reserve Regiments *(D10)*
Aufmarsch des Bataillons Lieven
Aufmarsch des Dritten Kavallerie Regiments im Centro und der dazu-
gehörigen Schwadron

Finkenstein auf dem äußeren rechten Flügel (D12)
Aufstellung der Bataillone Streit und Boengke (D13)
Vormarsch und Aufstellung des Bataillons Held (D14)
Vormarsch und Aufstellung der drei Bataillone Wolsky, Delitz und Schwerin
unter dem Major Rohr (D15)
Aufmarsch und Aufstellung der Tirailleure der Marwitzschen Brigade welche
zugleich den dort stehenden Feind vertreiben und den am Ausgang von
Hagelsberg liegenden Berg besetzen (D16)
Aufstellung des Fünften Kavallerie Regiments. (D17)
Aufstellung des sechsten Kavallerie Regiments (D18)
Anmerkung:
Die Stellung der einzelnen Truppenteile hat nicht auf das Genauste aus ge-
mittelt werden können, auch haben sie nicht immer den nämlichen Platz
behauptet; sondern sind nach Bedürfnis vorwärts, rückwärts oder seitwärts
bewegt worden. So haben zum Beispiel die Bataillone Schoenholz und Laviere
rechts vom Wald gestanden, und andere haben ihre Stellung bei dem Ge-
schütz eingenommen.
Sturm und Einnahme von Hagelsberg durch den Major Rohr, mit den
Bataillonen Schwerin und Delits, welche nachher wieder heraus geworfen
werden und des Weges zurückgehen den sie kamen (D19).

Beim Durchziehen sahen wir, am Wege dicht neben
der Friedhofsmauer, die Platte eines Kopfes lose über einem
zerschmetterten Körper liegen, der von einer Kugel getroffen und in ein kleines Häuflein verwandelt war: Fetzen
der Uniform usw. lagen daneben.

Als wir dasselbe Dorf und die Hütten des Feindes im
Rücken hatten, marschierte meine Kolonne zuerst, mit der
Artillerie, vor dem Feind in Linie auf, während die anderen
Kolonnen und die Kavallerie in den Flanken attackierten.
Jetzt ging es frisch ans Werk und der Angriff brachte
wieder acht oder zehn verwundete Offiziere. Mein Bataillon
hatte allein drei davon: Einer dieser drei wurde von einer
matten Kartätsche auf die Pulsader der linken Hand getroffen, er flog in die Höhe, drehte sich schwebend mehrmals herum und fiel dann zur Erde.

Der Feind wich nach Hagelsberg aus und nahm auf der
Anhöhe, dem sogenannten Hagels-, oder Windmühlen-
Berge, von Neuem Stellung, besäte das Dorf sehr stark und
warf die Kolonne nach Belzig zu. Nun traten Einzelangriffe

bald aufs Dorf, bald auf den Hagelsberg, dann gegen die Berge vor Belzig mit allseitiger Erbitterung und Todesverachtung ein. Das Metzeln währte fünf Stunden ununterbrochen fort. Meine Kolonne zog sich hinauf links nach Belzig zurück und mein Bataillon musste zuerst bei andauerndem starken Regen und Sturm eine Anhöhe nehmen, die wir aber nach hartem Kampf wieder aufgeben mussten, weil wir hinter dem nur schmalen Berge auf ein ganzes feindliches Regiment mit drei Kanonen stießen. Der General von Putlitz führte uns selbst, aber allein alle Anstrengung war vergebens, wir zogen uns in größter Ordnung nach dem Fuße des Berges zurück und nahmen dort wieder Front.

Der General ritt beim Herabmarsch vom Berge hinter meinem, dem zweiten Zug. Der Feind beschoss uns von der Höhe. Plötzlich glitt das Pferd aus, stürzte, der General kam unter dasselbe und er hatte das Unglück, den Brustknochen zu brechen. Schnell lies ich meinen Zug halt und Front machen, ließ Feuer geben, half dem General wieder in den Sattel, wobei er von seinem Diener gehalten werden musste und rückte, als der Feind zurück ging, in meinen Platz mit dem Zuge ins Bataillon wieder ein, welches inzwischen unten am Berge Halt und Front gemacht hatte. Jetzt erhielten wir links von uns Verstärkung und so nahmen wir mit Hurra die Anhöhe wieder, dann das feindliche Regiment welches aus Westfälingern — Magdeburgern - bestand, nebst dem Obersten (oder General) v. Borstel, mit drei Kanonen gefangen. Der General v. Borstel sagte nachher selber, dass er von dem Feldwebel Klöpfer meiner Kompanie einen Büchsenschuss in den Arm erhalten habe.

Bei diesen Angriffen wurden mir des Öfteren meine Flügelleute weggeschossen, einen Schuss glaubte ich in den linken Arm erhalten zu haben, ich griff mit der rechten Hand dahin, mein Flügelmann sagte aber:

„Nein Herr Leutnant, ich habe den Schuss im rechten Arm."

Ein anderer wurde durch den Kopf getroffen, sodass ich seinen Bregen ins Gesicht und auf die Uniform bekam. Unterdessen waren auf mehreren Punkten tapfer gefochten, in Hagelberg selbst ging es scharf her, namentlich im Gutsgarten, wo Leichen und Verwundete in großen Massen lagen. Auch der Hagelsberg wurde eingenommen und wieder verloren, der Feind war von dort bis Glien usw. zurückgedrängt, schob uns aber gegen Lübnitz wieder zurück und fasste erneut Fuß auf dem Hagelsberg.

Kolbenschlacht am Hagelsberg

Nun zog der General v. Hirschfeld zwischen dem Hagelsberg und Lübniz seine Division wieder zusammen, und wir griffen dann, als sich der Tag schon neigte, den Hagelsberg und das Dorf zugleich von Neuem an. Nachdem zuvor die Position des Feindes aus allen Geschützen aufs Heftigste und Wirksamste beschossen worden waren, wobei der feindliche Feldherr in der Mitte seiner acht Carrées auf dem Hagelsberg einen Kartätschen Schuss in den Arm erhielt, was wir ganz deutlich sahen.

21

Mein Bataillon befand sich im erstem Treffen der Kolonne, welche den Hagelsberg zu nehmen hatte, rechts neben uns ein Bataillon aus Frankfurt. Wir waren bis an den Fuß des Berges gelangt und machten Halt: Der Feind stand im Carrée und schoss nicht mehr, wir sahen uns ruhig ins Gesicht, es war ein feierlicher und zugleich fürchterlicher Augenblick. Das Frankfurter Bataillon schob sich fast unmerklich im halben Bogen gegen die linke Flanke des Feindes, so dass der rechte Flügelmann plötzlich ohne weiteres Kommando im Hurra mit dem Kolben auf den Feind einhieb und nun unsere ganze Kolonne ohne irgendeine weitere Einwirkung mit gefälltem Bajonett und dem Kolben der Tat dem Rufe jenes Flügelmannes folgend, in die feindlichen Karrees eindrang. Das Gemetzel dauerte eine ganze Zeit, Ströme Blutes flossen, und der Erdboden war bald mit Toten und Verwundeten besäht. Dann machte der Rest des Feindes kehrt und floh nach Glien usw. zurück, wohin noch eine Strecke von uns verfolgt wurde und wo die Kavallerie noch viele Feinde erlegte und einfing. Gleichzeitig erlag auch der Feind im Dorfe Hagelsberg und auch dort musste er fliehen, so war dann der Rückzug allgemein und der blutige Sieg unser, an welchem die russische Artillerie wesentlichen Teil hatte, deren Offiziere und Mannschaften wir vom Augenblick an wie Brüder ehrten und liebten. Wir waren unzertrennlich. Es schlug in Hagelsberg gerade zehn Uhr abends, als die letzten Schüsse fielen und unsere Division neben dem Dorfe an der Windmühle auf dem Hagelsberg das Lager bezog.

Als ich mich erschöpft, ohne Speise und Trank, an einer großen Weide, bei fortgesetztem starken Regen und Wind niederließ, stöhnte unter mir ein Mensch. Es war ein Nassau - Usinger- , dem das Bein zweimal zerschmettert worden war.

Bald darauf - etwa ab elf Uhr – wurde ich befehligt, mit einem Kommando von zwei Unteroffizieren und zwanzig Mann über das grausige Schlachtfeld nach Lübritz zurückzukehren. Es sollten sich dort Feinde in dem Kirchturm verborgen haben. Dergleichen fand ich nun zwar nicht, dagegen aber viele Kosaken, welche sich damit die Zeit vertrieben, im schönsten Vandalismus das Eigentum der Bewohner, als z. B. Betten, Leinenzeug, Uhren, Geld, Silberzeug, Kessel, Töpfe, Kleidung, Wäsche usw. zu nehmen und zu zerstören. Dabei hatten sie weder Kirche, Pfarrer und Schule, noch Schulzen oder Schöppen verschont. Die losen Bettfedern lagen mannshoch in den Zimmern sämtlicher Häuser, teils spielte der Wind damit im Freien kurz eine grässliche Zerstörung. Die Bewohner umarmten mich und baten, sie von diesen Unmenschen zu befreien. Ich vertrieb sie mit der Gefahr den Tod zu erleiden, da mehrmals ihre Lanzen auf mich gezückt waren. Letztendlich musste ich auf jeden einzelnen Kosaken-Trupp Attacke machen und feuern lassen, was sie dazu bewog, eiligst aus dem Dorfe mit dem erplünderten Gute nach dem Lager zu entfliehen.

Als ich nun gegen zwei Uhr morgens das Lager wieder erreichte und mich dort gemeldet hatte, war es hiermit noch nicht genug. Ohne uns nur besinnen zu können, musste ich mit demselben Kommando auch im Dorfe Hagelsberg eine gleiche Durchsuchung der Kirche und sämtlicher Häuser und Gebäude vornehmen. Das Ergebnis waren zwölf Westfälinger, die ohne Waffen im Stroh und Heu auf den Scheunen- versteckt, hervorgeholt wurden und am Tage in ihre Heimat zurückkehren durften. Jetzt war es zwischen vier und fünf Uhr morgens, und als ich mich im Lager wieder meldete, ließ mich der General v. Hirschfeld zu sich entbieten und befahl mir mit 100 Mann und einem Regiments- und einem Kompanie-Arzt zurückzubleiben, um das Schlachtfeld zu räumen. So war ich denn vom 27.

zehn Uhr morgens bis fünf Uhr morgens am 28. ohne Rast, ohne Speise und Trank im Kampfe gewesen - von Murren und Unzufriedenheit war keine Rede. Alles war begeistert aufgrund des Sieges.

Während ich in der Nacht von Lübnitz aus ins Lager zurückmarschierte, sahen wir unter den Toten und Verwundeten, Menschen umherlaufen, ohne erkennen zu können, wer sie waren und was sie taten. Von den Verwundeten erfuhren wir am Morgen, dass es Bauern mit ihren Familien gewesen seien, die aus den Waldungen und Bergen gekommen wären und das, was die Kosaken übrig gelassen, den Toten noch genommen und ihnen nicht einmal das Hemd gelassen hatten. Die Tat selbst ist wahr, denn ich fand es bestätigt, ob sie aber von Bauern begangen worden war, habe ich bis heute - zur Ehre der Menschheit - noch nicht glauben mögen.

Entsetzlich war es, dass zu Beginn der Schlacht ein Kosakenpulk bei der ersten Attacke retirierte, sich hinter uns ausbreitete und während wir avancierten, die verwundeten Feinde mit den Piken durchstach und sie dann nackt auszog. Das Krachen dieser Stöße drang bis in unsere Reihen, wir sahen uns nun um und bemerkten, das entsetzliche Schauspiel, das uns so erbitterte, dass wir gerne eine Attacke auf diese Barbaren gemacht hätten Denn es war wahrscheinlich, dass auch unsere Verwundeten von dem tödlichen Stahl getroffen wurden. Ins Feuer gingen diese Helden des Tages nicht wieder. Nur am Abend, als die Retirade des Feindes stattfand, folgten sie ihm und stachen ihn tot, solange sie stechen konnten.

VI

Am 28. August früh marschierte mein Korps vom Schlachtfelde nach der Gegend zwischen Wittenberg, Torgau und Jüterbog ab. Ich musste wie angemerkt, mit dem mir überwiesenen Kommandos und den beiden Ärzten zurückbleiben, um das Schlachtfeld zu räumen, für die Unterbringung der schwer Blessierten, den Weitertransport der Leichtverwundeten, das Sammeln der vom Feind zurückgelassenen Waffen usw. und die Beerdigung der Gebliebenen zu sorgen. Das Elend und die Zerstörung gewährten ein nicht zu beschreibendes grässliches Bild. Die Schlacht hatte im Umfang von mehr als einer halben Meile nach allen Seiten hin gewütet; jede Stelle war mit Verwundeten und Toten in einer schaudererregenden Art bedeckt. Ich musste damit anfangen, das schöne große Gutshaus, Gebäude, Stallungen und Scheuen usw. zur Aufnahme zunächst der Schwerblessierten einrichten lassen. Der Pächter, seine Familie und Leute sowie sämtliche Bewohner des Dorfes bis auf einen alten Mann waren nach den Bergschluchten und Waldungen geflüchtet und ich musste sie erst durch ein Kommando aufsuchen und zur Rückkehr bewegen lassen. Unterdessen räumte ich den neben dem Herrschaftshause befindliche Garten auf, wo der Kampf mit am erbittertsten zu verschiedenen Malen geführt worden war. Hier war der Anblick der Menschenzerstörung kaum zu ertragen; denn Hunderte schrien mir mit entsetzlicher Stimme zu, sie schleunigst töten zu lassen, sie sprachen deutsch, französisch, spanisch und italienisch. Eine Masse anderer lag in den letzten Zügen und alle waren bis zur Stunde ohne ärztlichen Beistand und ohne Speis und Trank geblieben. Nur ein Topf und ein Eimer waren im Augenblick zu finden, mit welchem ich den Unglücklichen fürs erste Wasser reichte, wonach sie lechzten, während viele unter meinen Händen und in meinem Arm, mit dem ich sie beim Darreichen des Wassers hielt, verschieden. Jetzt begann das Hineintragen der noch Lebenden in die Gebäude und das Arm– und Bein–Abschneiden durch die Ärzte: Der Jammerschrei war von allen Seiten her herzzerreißend: Vielen waren die Augen ausgeschossen, viele halb verbrannt, viele noch furchtbarer verstümmelt und doch noch lebend. Dieses Entsetzen währte drei Tage, in welcher Zeit die Verwundeten aus allen Richtungen des Schlachtfeldes herbeigetragen wurden. Noch am 2. und 3. Tag fand ich in den verschiedenen Waldstrecken und zwischen Hügeln einzelne Schwerblessierte, die noch keine Speise und Trank und keine ärztliche Hilfe erlangt hatten.

Auf dem Gutshofe war Stroh rings um eine Vertiefung ausgebreitet, um die Verwundeten darauf augenblicklich erst abzulegen, damit sie von den beiden Ärzten klassifiziert und dann zu den Stationen gebracht werden konnten. Die Schmerzen dieser Unglücklichen waren so groß, dass sich mehrmals zehn bis zwölf derselben in die Vertiefung, worin Mistjauche war und während wir uns nur einen Moment entfernen mussten, hineinkullerten, darin ertranken und so ein schnelles Ende ihrer entsetzlichen Qual fanden.

Gleichzeitig musste ein Teil meines Kommandos an den Hauptpunkten des Schlachtfeldes das Aufwerfen der Ruheplätze oder Grabstätten der Toten und ein anderer Teil das Aufsuchen der Waffen usw. erledigen, und ich konnte am dritten Tage etwa dreißig Wagen voll weggeworfener feindlicher Gewehre usw. und Kürasse nach Brandenburg absenden.

Auf dem Hagelsberg, der mehrmals gewonnen und verloren wurde, war das Elend nicht minder. Ich führe beispielsweise nur an, dass ich genau an der Lage der Toten und Verwundeten erkennen konnte, wo die acht feindlichen Bataillons-Carrées gestanden hatten. Für jedes Carrée, mit

Einschluss des übrigen Teils dieses Berges, wurden vier, also zweiunddreißig große, Gruben auf fünfzig Tote in jeder Grube gemacht. An der Letzten fehlten etwa zwei Mann, sodass an dieser Stelle allein 1600 Tote ruhen. Auf dem ganzen Schlachtfeld fand ich am Morgen früh um fünf Uhr sämtliche Tote schon nackt vor.

An der auf diesem Berge befindlichen Windmühle fanden wir nach der Schlacht dreizehn Malade meines Korps vor, welche am 21. in die Hände des Feindes gefallen waren und die alle Angriffe hier hatten aushalten müssen, ohne dass auch nur einer von ihnen, namentlich nach dem furchtbaren Feuer der russischen Artillerie, getroffen worden wäre.

Als ich am 28. den Gutsgarten räumte, sah ich über den Zaun auf den neben demselben befindlichen etwas abschüssigen Weg, welcher vom Dorfe aufs Feld führte, und bemerkte nicht fern von mir einen Reiter auf seinem Pferde an den Zaun gelehnt. Bei näherem Hinsehen war es ein feindlicher Kavallerist, der hier zugleich mit seinem Pferde erschossen und in der augenblicklichen Situation die Nacht hindurch geblieben war. An diesem Weg war nämlich mehrfach des Tages auf Tod und Leben gekämpft worden.

Beim Aufsuchen der Verwundeten fand ich hinter einem nach Glien hin retirierten Carrée einen Knaben mit der Lanze durchstochen. Als ich Anfang Januar 1817 in Schönebeck a.d. Elbe einquartiert wurde, fragte mich meine Wirtin, ob ich etwa die Schlacht von Hagelsberg mitgemacht und dort nicht einen getöteten Knaben gefunden hätte Sie interessierte sich sehr für das Kind. Bei ihr sei nämlich ein französischer Kapitän im Quartier gewesen und zwei Knaben, elternlos und aus Italien mit sich geführt, die beide in die Schlacht mit gefolgt wären. Beim Retirieren sei ein Kosak herangesprengt, habe den einen Knaben zugerufen:

„Prusske ?"

Der Knabe habe mit dem Kopf genickt und der Kosak habe ihn gehen lassen. Sein Bruder sei ebenso angerufen worden, habe das bejahende Zeichen nicht gegeben und sei darauf von dem Kosaken niedergestochen worden.

Nicht fern von mir stand ein Marktender Wagen, die zwei Pferde tot, zur linken Seite der Mann, die Frau und fünf kleine Kinder, von denen die Mutter das eine im Arm hatte, die sämtlich von Kartätschen getötet worden waren. Am 28. früh traf zunächst der Gutspächter von Eichholz bei Hagelsberg bei mir dort ein. Beim Abmarsch aus Ruppin gab mir einer meiner Verwandten einen Gruß mit an seinen Neffen, den Gutspächter Sternitzky in der Nähe von Belzig, wenn ich etwa dahin kommen sollte, zu grüßen, von dem ich bis dahin noch nie etwas gehört hatte. Als ich nun den Gutspächter aus Eichholz nach seinem Namen fragte, nannte er sich Sternitky: Dass ich überrascht war und den Gruß bestellte ist natürlich, ebenso das wir trotz des ernsten Augenblicks unsere gegenseitige Freude nicht unterdrücken konnten. Er ist bereits gestorben.

Erst gegen Abend des dritten Tages unseres unermüdlichen Handelns und Wirkens konnte ich meine Mannschaft vor dem Dorfe sammeln und zum Abmarsch vorbereiten, nur die beiden Ärzte blieben zurück.

Als ich die Rotten zählte, lagen noch zwei Mann hinterwärts auf dem abschüssigen Boden und beschäftigten sich mit ihren Gewehren. Ich schalt und befahl den sofortigen Eintritt. Auf einmal entluden sich beide Gewehre, zwei meiner besten Leute stürzten zusammen, sie waren beide durchs Knie getroffen und fielen nun auch den Ärzten anheim. Sie wurden wieder hergestellt.

Endlich begann der Abmarsch aufs Gratewohl dahin, wo auch das Korps drei Tage zuvor abgerückt war.

VII

Am 6. September früh morgens erreichte ich, nach vielem Hin- und Hermarschieren und Forschen nach meinem Korps das kleine Städtchen Zahne oder Zahna, am Rande einer großen Waldung, wo ich nur Verwundete, aber kaum etwas stinkendes aufgerührtes Wasser, geschweige einen Bissen Essen, antraf. Über meine Division konnte ich nur soviel erfahren, dass sie zur Reserve des v. Tauentzienschen Korps bestimmt sei, wo sie aber stehe, wusste niemand. Wir verließen also den Ort in der Richtung nach Torgau usw. und folgten dem Weg, der nahe am Rand des mir links liegenden Waldes fortlief. Bald hörte ich von links her einzelne Kanonen-Salven und konnte daraus schließen, dass wohl etwas Ernstliches vorfallen werde. An der Endspitze des Waldes ging der Weg links weiter durch eine Vertiefung und wir sahen in noch etwas weiterer Ferne gerade aus und links neben dem Waldrande hin Truppenbewegungen. Von uns rechts, nicht weit von unserem Hohlwege, lag eine Wiese mit Heuhaufen; auf derselben, mit dem rechten Flügel nach dem rechts daneben gelegenen Dorfe, stand eine abgeprotzte reitende Batterie, die munter geradeaus feuerte. In der Freude, nun endlich unserer Division auf der Spur zu sein, nahmen wir unsere Richtung nach dem Rücken der Batterie. Unsere Überraschung war aber groß, als die Batterie plötzlich aufprotzte, links schwenkte, avancierte, hielt, abprotzte und über uns fortschoss. Natürlich hielten wir an, glaubten, dass hier ein Irrtum obwalte; als wir aber sahen, dass die Batterie einen Graben mit Heu auszufüllen suchte, um über denselben fortzugehen, merkten wir unrecht und zogen uns ohne Schaden in den Hohlweg zurück. Es ergab sich, dass wir uns in der äußeren linken Flanke des Feindes befunden hatten. In diesem Augenblick kam ein mir unbekannter Adjutant gesprengt, der uns sagte, dass unsere Division rückwärts nicht weit vor uns nach

29

Wittenberg zu verdeckt hinter einer Anhöhe stehe, wo ich sie dann auch fand. Mein Trost war bei diesem unwillkürlichen Intermezzo, das während der zwar nur kurzen Dauer desselben, gewiss vielen Preußen das Leben und die Gesundheit erhalten geblieben war.

Als ich im Herbst 1817 von Berlin aus den alten Kaufmann Walter in Spandau, mit dessen Familie ich 1813 bekannt geworden war, mit seinem Sohn, dem jetzigen Rechnungsrat Walter bei der General-Militär-Kasse, der ebenfalls gedient hatte, besuchte, bat der alte Mann uns beide, ihm doch einige Züge aus dem Kriege zu erzählen. Wir saßen ohne Licht ganz traulich an einem Tische, und als ich von dem obengedachten Falle erzählte, erhob sich plötzlich im Finstern unsichtbare Stimme mit dem Ausruf:

"Herr, das war meine Batterie !"

Schnell wurde Licht gebracht und es ergab sich nun, das außer dem alten Walter noch ein Herr und eine Dame im Zimmer waren. Der Herr war Major Dietrich, welcher in sächsischen Diensten übergetreten, in Spandau beim Raketen-Laboratorium angestellt war und in der Schlacht bei Dennewitz an der von mir oben bezeichneten Stelle die sächsische reitende Batterie kommandiert hatte. Die Dame war die Gattin des Ingenieurs vom Platze Spandau Oberstleutnant Gause; sie ist Witwe und lebt noch in Berlin. Als ich erzählte, dass in dem Gefecht bei Ackern am 13. Oktober 1813 ein junger sächsischer Kavallerie-Offizier in dem Augenblick durch einen meines Kommandos verwundet worden sei, als er auf mich einhauen wollen und ich gerne wissen möchte, ob er am Leben geblieben, sagte Frau Gause:

„Beruhigen sie sich, der Offizier lebt, er ist mein Neffe und noch bei den sächsischen Dragonern. Die Wunde in den Unterleib war allerdings gefährlich und hat einer längeren Kur bedurft."

VIII

Den 7. September marschierte unsere Division zur Belagerung nach Wittenberg ab, wo wir bis zum 5. Oktober blieben. Was wir in dieser Zeit erduldet haben, von uns verlangt und mit Begeisterung geleistet wurde, ist mit Worten schwer zu schildern. Es regnete von Mitte August bis Ende November mit wenigen Unterbrechungen, fortwährend wie mit Mollen von oben herabgegossen, so dass die Flüsse und Gräben übertraten und Wiesen und Felder überschwemmt waren, was die Kommunikationen so sehr erschwerte. Die Felder rings um Wittenberg waren von jeder Frucht rasiert und die Dörfer wegen des grassierenden Typhus verlassen. In acht Tagen hatten wir kein Brot, Tag und Nacht beim Aufwerfen der Einschließungs-Gräben unter fortgesetztem Kanonenfeuer aus der Festung. Jeder Offizier hatte des Tages drei verschiedene Dienste, des Nachts außerdem Ronde, Patrouillen, Nachtwachen, Nachtwachenverstärkung, abgesehen von dem Kommando zum meilenweiten Heranschaffen des Trinkwassers, des Aufsuchen von Lebensmitteln und Stroh. Wir hatten unseren Lagerplatz nun unter freiem Himmel und beim Biwaksfeuer. Wenn wir uns den Vorderleib trockneten und dann ein Gleiches mit dem Rücken taten, wurde der Vorderleib wieder durchnässt. Zuletzt war es so, dass wir mit den Fingern die Wurzeln der rasierten Kohlsträucher aus der Erde krabbelten und diese mit Wasser und Pulver statt Salz als Leckerbissen kochten. An einem Tag erkrankten siebenhundert Mann, und zwei Offiziere – Siebmann und Thormeyer- meines Bataillons starben plötzlich aus Mangel, Überanstrengung und Erschöpfung.

Dann kamen bei vollem Regen sechshundert Bauernwagen; wir glaubten, Brot zu bekommen. Die Täuschung war bitter, denn das Brot war vom Regen in Brei verwandelt, nichts davon war genießbar. Unsere Not war aufs Höchste gestiegen, als plötzlich ein Marketender aus Berlin mit Lebensmitteln erschien; es entstand ein Faustkampf um den Wagen, von welchem mein Bursche mir noch ein wenig für schweres Geld verschaffte. Die Leute waren bei dem nassen Wetter in Leinen, zerrissenen Hosen, Uniformen übersät mit Flicken, Stiefeln und Schuhen ohne Sohle, kaum erkennbar.

Eines Tages fand ich in dem verlassenen Orte Mellendorf, elend krank und ohne Beistand, unseren Divisionsprediger Homburg; ich ließ einen Train-Wagen aus dem Lager holen, packte ihn sorgfältig ein und schickte ihn nach Spandau, von woher er gekommen war zurück. Er ist da selbst vor einigen Jahren als Oberprediger gestorben.

Nur eine der vielen Schreckensszenen dieser Zeit will ich hier erwähnen. Als ich eines Tages kommandiert wurde, die Wachverstärkungs- und Patrouille-Mannschaften aus dem Lager in die Laufgräben vor der Festung zu führen, kam ich zu einem Wachposten der Parallele, wo zwölf Mann meiner Brigade standen, die dadurch so eben vor meinen Augen verschwanden, das eine Kugel aus der Festung die Brustwehr, hinter welcher die Mannschaft stand, wegriss und mit den Leuten in den Graben stürzte. Dabei waren ihnen teils die Bajonette durch den Leib, Arm und Beine gegangen, bei anderen waren Arm, Hand und Bein verstaucht und einem war die rechte Hand im Gelenk rückwärts übergegangen; kurz, alle waren mehr oder minder beschädigt. Ich besetzte die Wache aufs Neue und schicke die Beschädigten ins Lager zurück.

Mein Nachtwachposten war in der Regel am roten Hause, einer Ziegelei vor der Festung. Um dahin zu gelangen, mussten wir über die überschwemmte Wiese und über Laufgräben, in welchen wir bei dunkler Nacht mehr

als einmal während des Marsches der Länge nach hinein-
fielen und so durchnässt die Nacht bis zur Ablösung ohne
Feuer, Speise und Trank, ohne laut sprechen zu dürfen und
ohne Tabakrauchen, aushielten. Währenddessen mussten
fortgesetzt Patrouillen gehen, die stets beschädigt zurück-
kamen. Oft des Nachts in der Regel aber gegen Morgen
ging die Schießerei auf uns los; wir mussten dann hinter
dem Mauerwerk der Ziegelei und den Gräben Schutz
suchen. In dieser Art ging es auch bei den Ronden
Patrouillen und Wachablösungen zu, so waren alle diese
Dienste bei Tag und Nacht stets mit Tod oder Verderben
begleitet.Die Kräfte der Offiziere waren mit der Zeit so
aufgerieben, dass acht Tage hindurch der Bat.
Kommandeur, der Adjutant und ich nur noch dienstfähig
waren.

Jetzt mag es genug sein von diesem Schauplatze des
Verderbens und Elends.

IX.

Endlich schlug die Stunde unserer Ablösung, wir erhielten am 5. Oktober Befehl, dass unsere Division nach der Brücke bei Rosslau abrücken, einen Teil derselben dort belassen, das Gros aber bis zum 8. Nach Acken a.d. Elbe gehen solle.

Unsere Brigade blieb auf dem rechten Ufer an der Brücke bei Rosslau, wo wir am 6. oder 8. ein Schauspiel der schrecklichsten Art erlebten. Auf der linken Seite der Elbe, meinem Bataillon auf der rechten Seite gegenüber, war die fünfte Landwehr–Brigade unter Major Bredow aus Senzke in der Prignitz mit dem Feinde im Kampfe. Diese Brigade war im Abziehen über die Brücke zu uns herüber begriffen, als plötzlich ein Kosakenpulk in voller Karriere ankam, durch die auf der Brücke in Sektionen marschierende Infanterie floh, alles nieder- und einen großen Teil über Bord ritt, der in der tosenden und hoch angeschwollenen Elbe vor unseren Augen ertrank. Unsere Leute waren so wütend, dass sie ohne Kommandos auf diesen Pulk Feuer geben wollten, was die Offiziere jedoch durch ihr Vertrauen bei der Mannschaft glücklich noch verhinderten; gewiss wäre keiner dieser Barbaren noch am Leben geblieben.

Der Major v. Bredow, der mit seinem Adjutanten jenseits der Brücke zurückgeblieben war, um den Rückzug seiner Brigade zu leiten, wurde durch die Flucht der Kosaken von feindlicher Kavallerie überrascht und gefangen, sein Adjutant aber, der sich isoliert hielt, weil er sich gegen die Übermacht noch verteidigte, wurde niedergestochen.

X.

Am 10. Oktober erreichte meine Brigade Acken, wo wir gleich alle Schanzen besetzen mussten. In der Nacht vom 11. zum 12. griff der Feind von Dessau aus auf dem linken Elbeufer unsere Schanzen an, wurde aber abgewiesen.

Den 13. Oktober morgens kam die Meldung, dass Truppen des feindlichen Korps Ney von Wittenberg her auf dem rechten Elbufer nach Ackern im Anmarsch seien. Mein Bataillon stand gerade in einer Schanze des linken Ufers hart an der Elbe nach Magdeburg zu, als ich den Befehl erhielt, mit zweiunddreißig Freiwilligen von dort nach dem Brückenkopf des rechten Ufers zu gehen, diesen schnell instand zu setzen und zu verteidigen; vorher aber einige Hunderte von Wagen und Geschützen, die von Rosslau abgedrängt waren und sich in dem grundlosen Terrain vor meiner Brücke so verfahren hatten, so dass der Knäuel nur schwer zu lösen schien, über die Brücke zu schaffen. Nachdem ich die Vorposten ausgestellt und den Gehorsam unter den meuternden Fuhrleuten mit Gefahr meines Lebens zurückgeführt hatte, verteilte ich meine übrige Mannschaft in den Wagenkreis, ließ mit ihrer Hilfe die Fuhrleute ihre Pferde besteigen und dann auf mein Kommando Wagen vor Wagen an- und abfahren.

So gelang es dann unter kräftiger Einwirkung auf die Fuhrleute und ihre Pferde sämtliche Fahrzeuge, darunter eine russische Reserve-Batterie des Korps von Woronzow unter Kommando des Kap. Graumann oder Grohmann und vor den Augen unseres Divisions-Chefs, der mir seine Zufriedenheit zu erkennen gab, über die Brücke zu schaffen, als der Feind in Karriere anrückten und ich eben meine Vorposten an mich gezogen hatte.

Die Schiffbrücke wurde nun zur Hälfte von dem rechten und linken Ufer abgefahren, nachdem ich mich vorher mit meiner Mannschaft an den Brückenkopf des linken Ufers hatte zurückziehen und neben dem General v. Hirschfeld aufstellen müssen. Jetzt beschoss die feindliche reitende Artillerie unsere Stellung, in welcher die Division hinter den Schanzen aufgestellt war. In diesem Augenblick kam ein Kommando von zwei Offizieren und ca. dreißig Ulanen gesprengt, welches über die eben abgebrochene Brücke wollte, weil es von überlegener feindlicher Kavallerie gedrängt wurde. Dem Divisionschef war es unlieb, kein Mittel in der Hand zu haben und unsere an dem verlassenen Brückenkopf verzweifelt kämpfende Kavallerie der gewissen Gefangenschaft oder ihrer völligen Aufreibung zu entziehen. Bei dieser Betrachtung fiel mir ein, dass ich am Morgen früh, als ich von meiner Schanze auf dem linken Ufer nach dem Brückenkopf am rechten Ufer marschierte, eine sehr große mit Schiffszwieback und Salz beladene Elbfähre gesehen habe, die hinter einer kleinen ungefähr 1830 weggespülten Insel in der Elbe versteckt lag. Ich bat den kommandierenden General in Gegenwart des Chefs vom Gen. Stabe Major von Kleist, meinen Platz neben ihm mit meinem *Detachment* zu verlassen und die Rettung unserer abgeschnittenen Kavallerie mittels der Fähre versuchen zu dürfen. Doch ein orkanähnlicher Sturm, Regen und sehr hoher Wellenschlag der hoch angeschwollenen brausenden Elbe gab keine Hoffnung zum Gelingen des Unternehmens, es wurde mir abgeschlagen. Nur meinem unablässigen Andringen wurde endlich nachgegeben und so bat ich denn meine Mannschaften schnell nach der oben gedachten Elbfähre zu bringen, ließ sie aus ihrem Versteck ans Ufer ziehen und eilig entladen. Der Zufall ließ auch gleich die dazugehörigen drei Schiffer - in der Nähe versteckt - mit ihren großen Rudern finden und ich bestieg nun mit ihnen und meinen Mannschaften die Fähre. Die feindlichen Kavalleristen hatten meine Anstalten bemerkt und auf dem rechten Ufer, als sie mir gegenüber waren, sich hinter Bäumen postiert, von wo sie auf uns feuerten. Jetzt wurde das Fahrzeug unter Beobachtung unseres Generals abgestoßen und als wir beim Herumfahren um die kleine Insel in die Gesichts- und Schusslinie des Feindes kamen, steifte eine Kugel der aus schräger Linie nach uns feuernden feindlichen Artillerie – die sich uns gerade gegenüber aufzustellen, teils durch das Terrain, größtenteils aber durch unsere Artillerie verhindert war- den abgestumpften Vorderteil der Fähre, welche dadurch, ungeachtet des Sturmes und des hohen Wellenschlages, wie der Blitz rund herumgeschleudert wurde und wodurch wir sämtlich zu Boden stürtzten. Schnell wieder aufgerafft, passierten wir eilig die Schusslinie des Geschützes. Nun kamen wir aber in die wirksamere Schusslinie der Karabiniers, denen wir in gerader Front, weil sie gedeckt standen, noch nicht hatten mit Erfolg beikommen können. Ich stand an der Spitze der Fähre und empfing bald hintereinander fünf Schüsse in meinen aufgerollten, umgehängten, vom monatelang dauernden Regen übersättigten und triefenden Mantel, der so die Wirkung derselben hemmte und die Hälfte meines zum Kommandieren gezogenen Säbels von einer Kugel getroffen in die Wellen flog. Nun ließ ich das Fahrzeug eine Seitenwendung machen, währenddessen den meisten meiner Mannschaft die Tornister – oder Patronentaschen - Riemen durchrissen, die von der Seite aufschlagenden Kugeln weggerissen wurden. Jetzt hatten wir aber dem Feind die linke Flanke abgewonnen, dadurch wurde die erste Salve meiner geübten Schützen - meist Jäger – so wirksam, dass gleich eine angemessene Zahl der Karabiniers in die Steigbügel zu hängen kam und der Feind eiligst zurück floh. Während ich nun das fast überall hohe Ufer zu erreichen suchte, sprengte der Feind zwar öfter feuernd weiter vor, musste aber jedes Mal mit Verlusten wieder das Weite suchen. Nun tiraillierten wir den Feind, nach dem Brückenkopf zu, rechts zurück, und die dort umzingelt und verzweifelt kämpfenden Ulanen wagten, durch mein Erscheinen neu belebt und unterstützt, nochmals eine kräftige Attacke, befreiten sich dadurch vom Feind und eilten nach meiner Fähre, in welche ich meine Schützen zurückzog. Noch auf dem Ufer stehend, einen Unteroffizier und einen Hornisten zur Seite, sprengte tollkühn aus den Reihen der Feinde ein ganz junger sächsischer Karabinier Offizier auf mich ein, um mich herunterzuhauen; allein mein Unteroffizier- ein gelernter Jäger- traf ihn sechs Schritte von mir entfernt so, dass er überstürzte und im Steigbügel hängend von seinem Pferd in Karriere rückwärts geschleift wurde.

Nachdem ich mich nunmehr auch auf die Fähre zurückbegeben hatte und das Einschiffen der Kavallerie beginnen sollte, ergab sich, dass sie mir die Schusslinie nicht freigaben. Dies merkte der wachsame Feind, welcher wieder heftig vorprellte; ich ließ schnell unsere Ulanen in drei Abteilungen rechts und links der Fähre freimachen, und das sichere Zielen und Treffen meiner Mannschaft hielt nun den Feind in angemessener Entfernung. Nun musste der erste Ulan absitzen, mir vom hohen Ufer herab die Zügel reichen und durch Nachhilfe sein Pferd zum Sprunge in die Fähre antreiben. Dies gelang glücklich und so folgten eilig, fast von selbst, alle übrigen Pferde mit ihren Reitern. Die Last von sechzig und einigen Mann und von dreißig und einigen Pferden war so groß, dass die Fähre nur noch einen Fingerbreit Bord behielt und die drei Schiffer diese Masse nicht vom Ufer abzustoßen vermochten, welches bei dem hohen Wellenschlag gefährlicher für uns wurde. In dieser Not ward uns Hilfe durch einen Artilleristen, welcher eilig mit einem Hebelbaum in einem kleinen Kahn, der zur Fähre gehörte, ankam und damit die Fähre flott machen half. Es galt hierauf, den Feind nun so mehr in der größtmöglichen Ferne zu halten. Als die Zahl derselben sich noch mit jedem Augenblick zu vermehren schien und sein Gros in jeder Minute eintreffen konnte und wir, wenn auch nur ein Pferd bei dem äußerst beschränkten kaum zum Schießen ausreichenden Raum der Fähre durch einen tödlichen Schuss getroffen fallen sollte, ohne Weiteres in den Fluten begraben werden mussten. Die Anstrengung meiner Schützen und ihre wohlgezielten Schüsse bewirkten jedoch, dass nur einige Kugeln des Feindes in die Fähre trafen, durch welche ein Mann und ein Pferd leicht gestreift wurden. Unsere Lage erlaubte auch nicht, das Fahrzeug gerade hinüber nach dem linken Ufer, von wo wir gekommen, zurückzulenken, weil wir dann weiter in die Feuerlinie des feindlichen Geschützes kamen; es blieb mir daher nur übrig, eine ganze Strecke stromabwärts - nach Magdeburg - steuern zu lassen, obgleich mich dabei der Feind feuernd immer seitwärts begleiten würde, um dann eilig links wendend den Strom zu durchschneiden und am linken Ufer zu landen, welches unter großen Anstrengungen gegen die Wellen gelang. Kaum hier angelangt wurden uns noch Schüsse von der eben uns gerade gegenüber eingetroffenen Nachhut oder Verstärkung des Feindes nachgesendet, die aber bei der Breite des Flusses nicht ganz unser Ufer erreichten.

Diese ganze Massen-Expedition musste sehr natürlich in der größten Eile geschehen und war bis zu diesem Augenblick auch in einer halben bis dreiviertel Stunde vollbracht. Nunmehr die Fähre verlassend und auf dem Ufer aufgestellt, kam es darauf an, unsere Division wieder zu erreichen. Die Schiffsbrücke lag links und Acken von uns halb links, zwischen diesen beiden Punkten und uns war Wiese und Feld, welche so heftig von feindlichen Kartätschen bestrichen worden war, dass wir nach diesem Punkte geradezu nicht gelangen konnten. Auf dem Landungsplatz durften wir auch nicht bleiben, weil es wahrscheinlich war, dass es dem Feind doch gelingen würde, uns nach im Rücken Geschütze aufzufahren. Es war nur möglich durch Acken selbst zu unserer Division zu gelangen, und wir mussten daher versuchen, dies durch Umwege zu erzielen. Ich suchte daher rechts von mir den von Magdeburg nach Acken führenden, mit großen starken Weiden bepflanzten Weg zu erreichen. Wir wendeten uns dann links auf demselben der Stadt zu, mussten aber bald Halt machen, weil uns auch hier das Geschütz des Feindes erreichte. Ich ließ nun jeden Mann einzeln von Baum zu Baum auf das Tor vorgehen. Hier nun alle versammelt, empfing uns ein Hagel von Steinstücken, welche die Geschosse des Feindes von dem Toreingang und der Stadtmauer trennten. Jetzt orderte ich nun an, dass die Pausen zwischen den Schüssen auf das Tor genau beobachtet und innerhalb derselben immer ein oder zwei Mann das Tor zu erreichen suchen sollten, welches übererwartend glückte. So auf dem Marktplatz in der Stadt angelangt, ließ ich der Mannschaft und den drei braven Schiffern eine Erfrischung reichen, unter den Freudenrufen vieler um uns besorgt gewesenen Einwohner, wobei der Augenblick tief ergreifend war, in welchem die Familien der Schiffer ihre Häupter wieder empfingen.

Es war zwischen vier und fünf Uhr nachmittags – wir waren also von acht Uhr morgens ab, mithin acht bis zehn Stunden in ununterbrochener Tätigkeit und abwechselndem Kampfe gewesen-, als wir zu unserem Divisions-Chef eilten, welcher uns, erfreut über unsere durch die Allmacht und den Beistand Gottes erfolgte Rettung, empfing und nun befahl, bei unseren Truppenteilen wieder einzutreten. Indem wir daher die Front der Division passierten, unter deren Augen wir mit dem Tode gekämpft hatten, erscholl uns allen ein Lebehoch und mir der Wunsch für den Besitz des "Eisernen Kreuzes", welches ich auch empfangen habe. Den 15. oder 16 Oktober marschierten wir bis in die Gegend von Köthen, um nach

Leipzig zu gehen, mussten aber anderen Tags zurückgehen und Acken wieder besetzen. Am 22 Oktober gegen Abend trafen des Königs Majestät auf der Reise von Leipzig nach Berlin in Acken ein; meine Kompanie hatte die Ehrenwache und Kapitän v. Drieberg das hohe Glück, zwei Stunden lang bei seiner Majestät verweilen zu dürfen. Im November ergab sich, dass die unsicher gelegenen bedeutenden Verpflegungs-Vorräte des Öfteren wesentlichen Entwendungen ausgesetzt waren; es wurde deshalb aus allen Infanterie-Regimentern des Korps ein permanentes Kommando von fünfzig Mann gebildet. Der General v. Hirschfeld, den ich das Glück hatte nicht allein aus den unter seinen Augen geleiteten Gefechten und sonstigen persönlichen Aufträgen, sondern auch dadurch, dass ich von Anfang an als Nebengeschäft die Auditeur-Geschäfte in Ermangelung eines anderen führte, näher bekannt geworden zu sein, übertrug mir neben meinen sonstigen Diensten auch die Führung dieses Kommandos und machte mich persönlich für die Sicherheit der Magazine verantwortlich.

Gegen Weihnachten hin musste unsere Division die Belagerung von Magdeburg auf dem linken Elbufer übernehmen; der Stab derselben kam nach Schönebeck, wo der russische General Dochterow bis dahin stand, und nachherigen Ball zu besuchen. Sämtliche Offiziere des Korps in großer Uniform eingeladen, gegen deren Glanz ich verdunkelt wurde; doch er fühlte dies, stellte mich sämtlichen Offizieren als vom Marsch gekommen vor, und nahm mich bei Tische neben sich zwischen seiner Generalität. Als er sich bei mir nach den unserer Division zugeteilten Russen erkundigte, ich nun die Tapferkeit unserer russischen Batterien wahrheitsgemäß rühmte und bemerkte, dass wir die Offiziere der Batterie lieben, verehren, und wie Brüder miteinander lebten, ein Gleiches auch mit den Mannschaften der Fall sei. Am Tage vor dem Abmarsch unseres

Hauptquartiers dahin befahl mir unser General, für dasselbe in Schönebeck Quartier zu machen. Der Weg von Acken dorthin, hart an dem Elbufer war so grundlos, das mein Pferd öfter mit mir stürzte und meine Uniform vom Schmutz und Regen fast unkenntlich war. Obgleich ich mich in Schönebeck so viel als möglich zu säubern suchte, so musste ich doch ohne Verzug mich beim General v. Dochterow melden, und da meine Bagage in Acken zurückgeblieben war, mich wegen meines Anzugs entschuldigen. Der General war so freundlich, in diesem Aufzug mich gleich zu Tisch zu behalten; es waren zum Abschieds-Diner General dies auch den übrigen Offizieren laut gesagt hatte, wollte ihre Freude darüber gar nicht enden und die Aufmerksamkeit und Zuvorkommenheit dauerte bis in die späte Nacht hinein, wo ich mich endlich beurlauben musste. Diese Freundlichkeit und Ehre werde ich nie vergessen. Hier in Schönebeck erhielt ich anfangs mein Quartier im Gasthofe des Wirtes Salomé [6] an der Elbbrücke. Als mein ältester Sohn im Jahre 1849 mit dem 3. Ulanen-Regiment, bei welchem er als Oberarzt stand, von Fürstenwalde nach Schönebeck kam, erhielt er ebenfalls sein erstes Quartier in demselben Gasthofe. Nachdem sein Name im Hause bekannt geworden, wurde er befragt, ob er vielleicht mit einem Leutnant Johow, der 1813 bei den Eltern im Quartier gewesen, verwandt sei, und als mein Sohn nun sagte, dass derselbe Johow sein Vater wäre, hätten sie meiner sich freundlichst erinnert; doch ein eigenes Zusammentreffen nach einem Zeitraum von 36

---

[6] Der Wirt Salomé hatte seine Wirtschaft wahrscheinlich am Elbetor in der Nähe der damaligen Schiffsbrücke über die Elbe, (die heutige Straßenbrücke wurde 1912 gebaut) und lässt sich bis 1818 in den Akten nachweisen. Danach hat wahrscheinlich eine Tochter den Gasthof mit ihrem Ehemann den Gasthof übernommen, sodass der Geburtsname verloren ging.
Von den historischen Gasthäusern am Elbetor hat sich keines bis auf den heutigen Tag erhalten. Bekannt waren zum Beispiel der "Goldene Anker" oder "Zur Fähre".

Jahren. Es trat nun zum Ausgang des Jahres harter Frost ein und die Dienste beschränkten sich bei unserer Division auf die Vorposten, welche von Frose aus besetzt wurden. Hiermit schloss für uns das Jahr 1813.

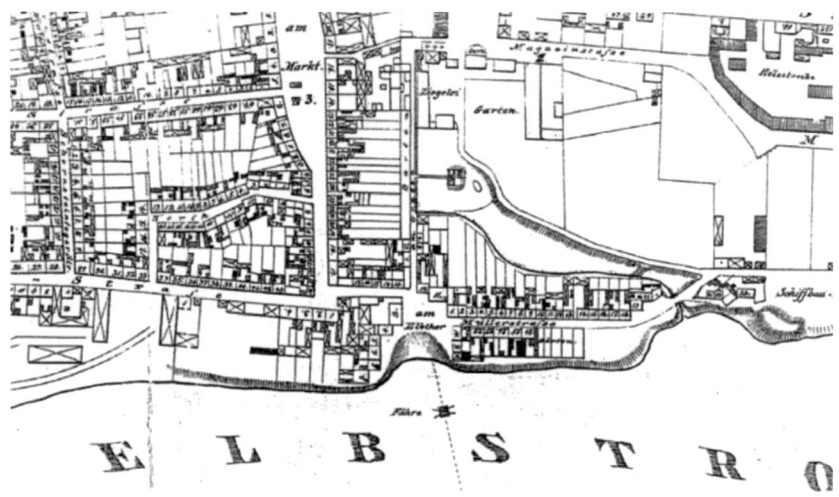

Elbviertel von Schönebeck ca. 1850

XI

Das neue Jahr änderte in unserer Stellung und Lage nichts, bis wir infolge des Friedensschlusses zu Paris vom 18. April 1814, Magdeburg Anfang Mai in Besitz nahmen.

Bei meinen verschiedenartigen Aufträgen, die alle meine Kräfte in Tätigkeit hielten, wurde ich nun so mehr anfangs Februar vom Waffendienst entbunden, als ich nun auch die Schlüssel zu unseren Verpflegungs-Depots auf Befehl des Generals von Hirschfeld übernehmen musste, indem der bisherige Verwalter dieser Depots wegen Trunkenheit, unordentlicher Geschäftsführung und sich ergebender bedeutender *Mangements* plötzlich entfernt wurde, die Verpflegung der Truppen auch von da ab durch das Gouvernement erfolgte.

Nach dem Einrücken in Magdeburg wurde mein Bewachungskommando aufgelöst und die Verpflegungs-Depots mussten dem dortigen Festungs-Magazin übergeben werden. Hierauf erhielt ich von dem Gouverneur da selbst, Generalleutnant von Horn, den Befehl und die Vollmacht, mit einem aus Infanterie und Kavallerie zusammengestellten *Detachment* aus Quedlinburg, Halberstadt, Gröningen, Wolmirstedt usw. schleunigst 300 000 Taler nach Magdeburg zu schaffen. Diese Gelder, an die diesen Ort passierenden Truppenteile nach ihrem Bedarf auszahlen und resp. dem Königl. Militär-Ökonomie-Department und der General-Militär-Kasse direkt darüber Rechnung zu legen.

Um diese Zeit erhielt mein Regiment den Befehl zum Rückmarsch in die Provinz und zur demnächstigen Beurlaubung der Mannschaften; nur die Offiziere konnten, sofern sie nicht eine unbestimmte Beurlaubung wünschten, bei dem Stabe ihrer Bataillone bleiben.

Während ich in Magdeburg beim Brauer Strasser nicht fern vom Krenken-Tor im Quartier war, entspann sich, als ich eben beim Mittagstisch saß, vor dem Hause ein Straßenkampf zwischen Artilleristen und Pionieren einerseits und Infanteristen und Kavalleristen anderseits. Erstere mit, Letztere ohne Waffen, wobei diese im Umsehen 13 Verwundete hatten. Ich eilte sogleich hinaus, stellte mich zwischen die Streitenden, suchte sie zu begütigen, schickte nach der Torwache; es wurden aber auch nach mir Hiebe geführt, die einige neben mir stehende Kavalleristen, welche sich eben bewaffnet einfanden, auffingen. Jetzt erschienen auch Infanteristen mit geladenen Gewehren, und das Unglück wäre groß geworden, wenn nicht gleichzeitig die Wache angerückt wäre und die Artilleristen und Pioniere nicht eiligst die Flucht ergriffen hätten, wobei sie spurlos beim Nachsetzen verschwunden waren. Alle Bemühungen der Militärbehörden blieben vergebens, die Meuterer zu ermitteln. General v. Horn ließ die Pioniere und Artilleristen Antreten und in seinem Beisein sollte ich die Schuldigen herauszufinden suchen. Was ich nicht mit Überzeugung vermochte, umso weniger, als es erst mehrere Tage später geschah.

Ich fühlte keine Neigung, beim Stabe untätig zu bleiben, nahm Urlaub, ging nach Berlin und benutzte dort die Gelegenheit, bei Abgabe des Nachweises über die Verwendung der 300 000 Taler und der übrigen Depot-Papiere, das Königl. Militär-Ökonomie-Department um einstweilige Beschäftigung zu bitten. Diese wurde mir zuteil, dass ich nach Königsberg i. Pr geschickt wurde, um bei der Aufarbeitung des verwickelten Rechnungswesens der ostpreußischen Landwehr verwendet zu werden. Hier musste ich mich als noch dem Militärverbande angehörig, bei dem dort kommandierenden General Grafen Bülow von Dennwitz melden; dies geschah Anfang Oktober 1814. So schloss dieses Jahr.

XII.

Als im Monat April 1815 der Befehl zum Wiederaufbruch des Heeres gegen Napoleon erfolgte, befand ich mich noch immer in meiner bisherigen Stellung und ich machte den General Graf Bülow v. Dannewitz die Meldung, dass ich sofort zu meinem Regiment zurückkehren würde, er befahl aber, dass ich bei seinem in Lüttich konzentrierten vierten. Armee–Korps verbleibe und meinem Regiment dies melden sollte, nun vom Letzteren als kommandiert geführt zu werden, womit dasselbe sich einverstanden erklärte. Hierauf musste ich mit mehreren anderen per Extrapost vorangehen, um bei Etablierung des Hauptquartiers in Lüttich behilflich zu sein.

Dort angekommen hielt ich es doch für notwendig, hiervon seiner Majestät dem König direkt Meldung hierüber zu machen mit der Bitte, in mein Regiment wieder eintreten zu dürfen, damit aller Schein schwinde, als hätte meine patriotische Gesinnung eine Veränderung erlitten. Bald darauf passierte auch mein Regiment Lüttich; ich ging demselben entgegen, machte dem Kommandeur desselben Obersten v. Rohr von meinem Schritte Anzeige und bat ihn, mich von der Allerh. Entscheidung gleich in Kenntnis zu setzten. Die Ereignisse folgten aber so schnell aufeinander, dass ich den Befehl Seiner Majestät, in mein Regiment sofort zurückzukehren, erst in Paris erfuhr.

Auf der Höhe bei Wavre, wo sich am 18. Juni früh die verschiedenen Korps vereinigten und die kommandierenden Generale mit dem Fürsten Blücher und einem Abgeordneten des Herzogs Wellington zusammentraten, bat ich meinen General, mich zu meinem Regimente, welches nur einige hundert Schritte von uns entfernt stand, zu entlassen, welches er unwillig mit der Bemerkung abwies, dass meine Zeit noch nicht gekommen sei und ich ruhig bleiben solle, meine militärische Ehre werde er zu schätzen wissen.

Infolgedessen gab er mir - ich war beritten - gleich mehrere mündliche Bestellungen, die ich rückwärts durch das vom feindlichen Korps von Gronchy beschossene Wavre an den General von Thilemann bringen und welches ich mehrmals hintereinander wiederholen musste.

Am 17. auf dem Marsch von Lüttich hatten wir eine Meile von Dion Lemont, wo der Feind stand, im Walde haltgemacht, als ich den Befehl erhielt, an einzelne Brigaden Nachrichten zu bringen, während sich plötzlich ein starker Wind erhob, dem ein gewaltiger Regenguss folgte. Meine Handkarte hatte ich vorher einem anderen geborgt. Als ich nun glücklich die Stelle wieder fand von der ich abgeritten, war das Hauptquartier mit Gefolge schon weitergegangen und durch den Regenguss jede Spur verschwunden. Ich suchte nun vorwärts das Ende des Waldes zu erreichen, um eine freie Aussicht zu gewinnen. Dort befand ich mich an einem Platz von welchem die Fernsicht dadurch beschränkt war, dass links und rechts von mir Waldspitzen weiter vorsprangen. Rechts am Ende der Spitze lag eine *Fermerie*[7] und nicht weit davon sah ich einzelne gesattelte Pferde mit den Zügeln weiden und schloss daraus, dass dort etwas passiert sein müsste; links von mir wurde die Waldspitze durch eine kurze Anhöhe unterbrochen, über die hinaus links man eine große Wiesenfläche gewahrt. Ich ritt nun zunächst rechts auf die Fermerie zu und sah das von den dort weidenden Pferden die feindlichen Reiter heruntergehauen waren. Dann näherte ich mich dem Gehöfte, fand dort Ulanen und Husaren, die ihre Pferde fütterten und tränkten, konnte aber von ihnen das Verbleiben des Hauptquartiers nicht erfahren. Jetzt wendete ich mich links nach der Anhöhe,

---

[7] Pachthof

über die einzelne Schornsteine hervorragten und es ergab sich, das dahinter Weinbauern usw. wohnten. Ein stattlicher Mann trat mir entgegen, der mir sagte, dass der Feind über die Wiesen hinter dem rechts fortlaufenden Walde circa eine Stunde weit stände; es führen dahin drei Wege nicht fern von mir; der Winzer beschrieb sie mir so deutlich, dass ich durchaus annehmen konnte, ich müsste den dritten Weg nehmen, um auf mein Korps zu stoßen, von dessen Marsch übrigens der Mann nichts bemerkt haben wollte, obgleich derselbe unfern von ihm erfolgt sein musste. Indem ich also weiter ritt auf dem Wege, der links an der Waldspitze fortlief, kam plötzlich aus dem Gehölz ein Offizier auf mich zugesprengt, der ebenfalls das Korps suchte. Wir ritten im Trabe weiter, als wir nicht weit von uns einen größeren Weg vor rechts nach links sahen, der unseren Weg durchschnitt: bald vernahmen wir beide von links her starken Hufschlag und Säbelklappern, und auf einmal, als wir an den Punkt kamen, wo sich beide Wege kreuzen, galoppierte um die Ecke herum ein Ulanen-Kommando mit einem Offizier auf uns zu, welche fouragiert hatten und das Korps ebenfalls zu erforschen suchten, auf dem richtigen Weg schon waren und doch umkehrten, weil sie das Ende desselben nicht absehen können, also glaubten, sich auf einem bloßen Waldweg zu befinden. Ich nahm sie darauf mit und ließ ihre Wagen folgen, weil ich ihnen die Überzeugung aussprach, dass wir uns auf dem richtigen Weg befänden. Kaum hatten wir noch eine Viertelstunde scharf fortgetrabt, als sich unser Weg plötzlich links bog und wir am Ende des Waldes unser Korps erblickten, welches das Biwak bezog, neben dem rechts Dion - Lemont lag. Unsere Freude war groß. Dann erfolgte der Abmarsch von Wavre nach dem Schlachtfeld von La Belle Alliance.

Als sich beim Walde von Soingy (Pariser Holz oder Holz von Frischermont) das Korps zum Angriff gegen den

Feind entwickelte, bat ich meinen kommandierenden General nochmals, mich nach Wavre, welches ich zu Pferd schnell wieder erreichen könne, zurückfahren zu lassen, wo mein Regiment beim dritten Korps v. Thilemann verblieben war, um in demselben mitzufechten. Meine Bitte war wieder vergebens, ich musste bleiben und der Schlacht beiwohnen, ohne in Reih und Glied mitkämpfen zu dürfen.

Nachdem Planchenoit auf dem äußersten rechten Flügel des Feindes, am Fuße der Höhe von La Belle Alliance genommen war, konzentrierte sich dort unser Korps. Der Chef unseres Generalstabes, General von Valentini, erteilte mir den Befehl, auf dem Kirchhofe von Planchenoit nachzusehen, ob dort, wo es so fürchterlich hergegangen, dass der größte Teil einer feindlichen Brigade mit dem General den Tod gefunden, noch Hilfe möglich sei. Unter allen Toten fand ich nur noch etwa sieben bis acht Mann, welche ein leises Zeichen von Leben erkennen ließen; ich verschaffte mir aus der verlassenen Pfarrerwohnung ein Gerät mit welchem ich den Unglücklichen, wahrscheinlich den letzten, Tropfen Wassers reichte.

Gleich darauf wurde mir befohlen, unseren kommandierenden General v. Bülow aufzusuchen, um ihm zu melden, dass das Korps vollständig bei Planchenoit versammelt sei. Es war inmitten bei Regen und Sturm dunkel und Nacht geworden: In drei Tagen und Nächten war ich beinah nicht aus dem Sattel gekommen, mein Fuchs schüttelte den Kopf sehr, als er denselben aus dem Futterbeutel ziehen, sich wieder aufzäumen lassen und mit mir von Neuem in Galopp setzen lassen musste, um über das ganze Schlachtfeld über Tote und Verwundete nach allen Seiten hin zu sprengen. Um elf Uhr nachts konnte ich im Lager nur melden, das ich den General v. preußische Bülow nicht gefunden hatte. Ohne vom Pferd zu steigen, musste ich die Nachforschungen fortsetzen; es war zwölf Uhr als ich die Gebäude von Belle Alliance erreichte. Rechts davon ritt ich zwischen den stehen gebliebenen feindlichen Kanonen durch, als mich eine kaum noch vernehmbare Stimme anrief. Ich stieg von meinem Pferde, fasste im Finstern mit der Hand zur Erde auf einen nur noch mit dem Kopf aus dem Lehmboden hervorragenden Menschen, der mich um Hilfe aus seiner schrecklichen Lage bat, da er viele Wunden erhalten habe durch Überreiten und Überfahren von den Fliehenden; er gab sich als den General Brée zu erkennen Ich versuchte zu erst ihn mit den Händen von der Lehmdecke zu befreien. Allein dies war nicht möglich, auch wurde mein Pferd durch das Ächzen, Winseln, Stöhnen und Röcheln der vielen um uns herumliegenden Schwerverwundeten und im Todeskampf liegenden so unruhig, dass ich es kaum am Zügel zu halten vermochte. Jetzt vernahm ich deutsche Stimmen, und auf meinen Ruf erschienen ein Unteroffizier mit zehn bis zwölf Mann, welche Verwundete nach den Gebäuden von Belle Alliance auf Ihren Gewehren gebracht hatten. Auf meinen Wunsch, mir bei der Erlösung des Generals Brée aus seiner traurigen Lage behilflich zu sein, wollten sie erst nicht eingehen. Weil sie mit ihren Verwundeten genug zu tun hätten und sich nicht um den Feind kümmern könnten. Als ich ihnen aber vorstellte, dass der Unglückliche doch auch ein Mensch sei wie wir und wir Gott danken müssten, uns nicht in seiner Lage zu befinden, legten sie doch Hand ans Werk. Es mussten vorsichtig die Bajonettspitzen in die Erde rings um den Körper herum gesteckt, so nach und nach der Körper hochgehoben und dann erst von dem Lehm befreit wieder sanft zur Erde gelegt werden, weil der Schwerverwundete bei jeder Bewegung seines Körpers große Schmerzen empfand. Darauf trugen wir ihn an das nach dem Wege gelegene einstöckige Stallgebäude, als der einzige noch übrige Raum von Belle Alliance, bereiteten ihm eine Unterlage von Stroh und bedeckten ihn damit in seiner reichen Generals-Uniform, wo er am nächsten

Morgen um vier Uhr abgeschieden in derselben Lage gefunden wurde. Die Mannschaft belohnte ich mit einem Taler, um sich dafür zu stärken.

Gebäude von Bell Alliance

In Paris gab ich mir alle Mühe, die Familie des Generals zu ermitteln, um ihr persönlich von seinen letzten Stunden Nachricht zu geben, ich konnte aber nichts über dieselbe erfahren.

Es könnte sich um Brigade General Donope gehandelt haben, der seit dem Angriff auf den Mount St Jean vermisst ist

Nun bestieg ich wieder mein Pferd und gelangte bald an den äußersten Wachposten. Ein hannoverscher Hauptmann stand am Biwakfeuer, der mir auf mein Befragen sagte, das General v. Bülow vor nicht langer Zeit mit zwei Eskadronen Kavallerie und einem Bataillon Infanterie zur Verfolgung des Feindes vorübermarschiert sei; ich sollte nur geradeaus fortreiten, dann würde ich an die von Brüssel nach Paris führende Chaussee kommen, sie liege aber hoch, neben ihr ein breiter Graben von beiden Seiten. Ich möchte mich also in acht nehmen im Finstern nicht zu Schaden zu kommen. Mein Pferd übersprang glücklich dies Hindernis und so galoppierte ich auf der Chaussee weiter, ohne eigentlich zu wissen, wo ich das Ziel erreichen würde. Dieser ganze Weg war noch mit Toten aus der Schlacht bei Fleuries am 16. und 17. besäht, über welche Kanonen. Kavallerie und Infanterie weggefahren und gegangen waren; zur Seite in den Chausseegräben lagen noch Verwundete, die ein spärliches Feuerchen unterhielten und sich immer regten, wenn sie den Hufschlag meines Pferdes vernahmen; welches trotz seiner Ermüdung, dadurch dass es vor lauter breit gefahrenen und getretenen Toten kaum gehen konnte und den Feuerchen der Verwundeten und ihrem plötzlichen Hervorschauen aus den Gräben in fortwährendem Heben und Springen blieb, bei welcher Gelegenheit es vor Angst öfter bald links bald rechts mit mir in den Graben sprang, dann die Sätze zurück machen musste und so mein Leben mit jedem Sprunge vor - und seitwärts in Gefahr stand.

Endlich stieß ich auf der Chaussee auf eine lange Reihe verlassener Kanonen, deren Mannschaften unter und neben den Geschützen tot dalagen; im Weitereiten hörte ich auch bald lautes Getöse, rechts von mir sich eben im Erlöschen begriffenes Biwakfeuer und nun passierte ich das Tor von Genappe, wo ich bald meinen kommandierenden General von Bülow fand, dem ich die befohlene Meldung machte. Es wurde eine Ordonnanz nach Planchenoit an den General v. Valentini mit dem Befehl zurückgesandt, das Korps nach Genappe abmarschieren zu lassen.

Jetzt sei meine Zeit gekommen, sagte der General v. Bülow zu mir. Ich erhielt hiermit den Auftrag mit dem schon bereitstehenden Detachement von zwei Unteroffizieren und zwanzig Mann des achten Husaren-Regiments voranzueilen und in den Ortschaften links und rechts der Chaussee nach Paris Lebensmittel und Fourage zu requirieren, die Wagen durch einzelne Mannschaften nach der Chaussee zubegleiten, den vorüberziehenden Truppen zu übergeben und die Kommandierten dann zum Detachment zurückkehren zu lassen und damit auch fortzufahren, solange ich es für notwendig erachte. Kaum durfte ich mein armes Pferd ein wenig füttern lassen, als der General schon zum Abreiten antrieb. Der General befah:

„Dass Sie sich nicht am Plündern der erbeuteten Schätze beteiligen. Sie sind ein junger Mann, der daran zugrunde gehen würde, ebenso gewiss wie diejenigen, welche schon sich im Besitze der meisten Schätze befinden; sehen Sie, ich habe, wie Sie wissen, bei Löwen jetzt und schon einmal 1814 meine ganze Bagage, Wagen usw. verloren und habe weder damals noch jetzt mich durch Beute entschädigt, Sie brauchen auch keine Beute."

Ich schlüpfte doch in den Wagen, in welchem Napoleon zuletzt gesessen hatte und worin er bei einem Haar gefangen worden wäre; der darin sitzende Schütze hatte das Verbot des Generals vernommen und sagte auf dem Rücksitz - ein angeschnalltes Brett, welches auch als Tisch zu benutzen war – zeigend:

„Nehmen Sie diese Tasse."

Ein neben ihm sitzender gefangener Franzose fügte hinzu:

„Aus der Napoleon eben Tee trank."

Als der General von Bülow anrückte:

„Wirklich war die Tasse noch voll Tee; ich goss denselben aus und nahm die Obertasse, denn die Untertasse war zu kleinen Stücken zerdrückt, indem Napoleon beim eiligen Verlassen des Wagens sich mit der Hand darauf gestützt hatte. Diese Tasse besitze ich noch und denselben Wagen habe ich noch auf dem Gute des Fürsten Blücher in Gross-Ziethen bei Cremmen vor etwa vierzehn bis fünfzehn Jahren gesehen."

Indem ich von dem Wagentritt hinunterstieg, trat ich auf etwas Hartes; es war ein Degen, dessen Wert im Finsteren nicht beurteilt werden konnte. Dies hatte einer aus der Umgebung des Generals bemerkt, der mich dann ersuchte, ihm den Degen als Andenken zu überlassen, weil auch ihn der General von der Beute ausgeschlossen und zurückgehalten habe; ich erfüllte diesen Wunsch. Späterhin ergab sich, dass dies der Ehrendegen Marschalls Ney war, den ich verschenkt hatte; wahrscheinlich war Ney bei Napoleon in dem Augenblick an dem Wagen gewesen, als General von Bülow in die Stadt gedrungen war. In Paris waren, natürlich schlecht gerechnet, fünfundsiebzig Napoleon d'or für den Degen geboten worden.

Nun trat ich den Marsch mit meinem Husaren-kommando an; es fing an, Tag zu werden. Bald jenseits Genappe links von der Strasse am Walde befand sich eine lange Reihe von Equipagen hoher feindlicher Generale, von denen einige Räder abgezogen waren, die untereinander gewürfelt schienen. An einem fand sich die Bezeichnung des Generals Brée.

Um den Zweck meines Auftrags genügend zu ent-sprechen zu können, musste ich es trotz aller für mich be-halten und mein kleines Häuflein damit verknüpften Gefahr weit über die von sr. königl. Hoheit dem Prinzen Wilhelm von Preußen kommandierten Avantgarde - meist Kavallerie - hinausgehen. Etwa eine halbe Stunde weiter ging ich links zuerst nach einem von dort noch eine halbe Stunde entfernt gelegenen Dorfe, wo ich von dem Maire die schleunige Verabreichung von Lebensmitteln und Fourage forderte. Während ich mit ihm darüber unter-handelte, fanden sich die Bewohner des Dorfes einzeln durch den Garten mit Mistforken, Heugabeln usw. ein; ich sagte dem Maire, er möge dafür sorgen, dass kein Exzess vorkäme, sonst würde ich ohne Weiteres von den von den Waffen Gebrauch machen, auch sei das Gros der Avantgarde im Anmarsch; ich ließ dann die Husaren ab-sitzen und unter den Augen der Bewohner die Pistolen und Karabiner prüfen, ob sie geladen waren und, als dies nicht der Fall war, in ihrer Gegenwart laden. Dann sagte der Maire zu seinen Leuten, dass der Offizier - also ich - keine unbilligen Anforderungen mache, er verlangt nur so viel, als sie entbehren könnten; sie möchten keine Ruhestörung veranlassen, still nach Hause gehen und schleunigst zu ihm bringen, soviel sie vermöchten. Dies geschah und bald war soviel Brot, Wein, Fleisch und Fourage gebracht, dass ich unter der Begleitung vier vierspännige Wagen nach der Chaussee senden konnte, wo sie an die vorüber-marschierenden Truppen ohne Weiteres abgeliefert wurden.

Dann gingen wir nach der Seite rechts von der Chaussee ab und fanden dort bald ein Dorf, in welchem wir unsere Requisition fortsetzten. Hier ordnete ich zu unserer Sicherheit an, dass zwei Mann in der Mairie bei mir blieben, die übrigen mit gezogenen Pistolen das Dorf ab-patrouillieren mussten, um die etwaige Bewaffnung der Einwohner zu verhindern. Bis auf eine Arrestation, die ich gleich schlichtete, blieb es ruhig, und ich erhielt auch hier bald so viel wie auf sechs vierspännige Wagen nach der Chaussee geschafft werden konnte.

In dieser Weise vollführten wir unseren Auftrag Tag und Nacht bis zum 30. Juni, und mir wurde bei Belle Ville vor Paris mein Kommando für erledigt erklärt und die Husaren, welche bis dahin öfter abgelöst waren, zu ihrem Regiment entlassen, bei welcher Gelegenheit noch über zweihundert meist vierspännige Wagen zur Disposition der Truppen verblieben. Bei dieser Gelegenheit hatte ich die Freude, meine Anstrengungen von sämtlichen kommandierenden Herrn Generälen in belobender Äußerung anerkannt zu sehen. Schon auf dem Marsche ließen mich bei Fontain-Leveque bei Compiegne die Herrn Generäle v. Hake und Hiller zu sich entbieten, um mir in Gegenwart ihrer Stäbe viel Schmeichelhaftes über meine Fürsorge für ihre Truppenteile zu sagen.

Bis Belle Ville wurde mir fast jeden Morgen das hohe Glück, seiner Königlichen Hoheit dem Prinzen Wilhelm von Preußen Meldung von den Erfolgen meines Auftrags machen zu können zuteil, wobei Höchstdieselbe mich stets darauf aufmerksam machte, nicht soweit über die Avantgarde hinauszugehen.

Dass ich auf diesen Kreuz - und Querzügen mit meinem Detachement fast in jedem Orte mit Opposition der Einwohner zu kämpfen hatte, auch auf Hinterhalte von Versprengten des feindlichen Heeres und auf Brigands[8] nicht selten stieß, sodass unser Leben beinahe stündlich auf dem Spiele stand, leuchtet wohl unter den obwaltenden Umständen ein.

So z.B. waren wir auf einem Nachtmarsch bei Cosselis der feindlichen Arrieregarde in finsterer Nacht zu nahe gekommen: Wir bekamen Feuer und mussten eilig kehrt machen. Ich ritt hinter dem Detachment, als plötzlich sich ein fremder Reiter mir nahte, eine Weile neben mir ritt und derselbe erst, als ich den Säbel zog, das Stillschweigen brach, indem er sagte:

"Ich glaube, es wären Franzosen."

Wir erkannten uns bald, denn es war derselbe Leutnant des Westpreußischen Ulanenregiments, mit welchem ich auf dem Marsch am 17. im Walde bei Dion le Mont zusammentraf; er war abgeschickt worden und hatte in der Nacht den Weg verloren.

Nicht fern von Fontain Leveque hielt ich auf der großen Straße mit einem Teile meines Detachments und erwartete dort den anderen Teil desselben mit Lebensmittel und Fourage, welche von der Strasse rechts ab requiriert waren; da mir dies zu lange währte, so schickte ich einen Husaren ab, um die Ursache der Verspätung zu

---

[8] meuternde feindliche Soldaten

ermitteln. Er kam bald mit der Meldung zurück, dass sich Brigands gezeigt hätten und der Führer des Transports auf einem Umwege südwärts bald einzutreffen hoffe. Jetzt gewahrte ich einzelne Gruppen von Menschen, welche sich auf einer dem vorgenannten Orte zu rechts von mir gelegenen Wiese hinter Gesträuch hin und herbewegten und ihre Richtung nach dem diesseitigen Rande der Wiese zu nehmen schienen. Als wir uns ihnen von einzelnen hohen Bäumen gedeckt näherten, feuerten sie; wir merkten aber bald, was Geistes Kinder sie und dass sie in der Handhabung des Gewehrs sehr ungeschickt waren. Wir galoppierten daher auf sie zu, sie eilten aber schnell in die Wiesen zurück, wo wir sie nicht verfolgen konnten. In diesem Augenblick traf die Spitze der Avantgarde unseres Korps ein und, von diesen verfolgt, flohen die Brigands nach dem jenseitigen Wiesenrande und dann weiter in die Stadt zurück.

Auf einem Gute eines hochgestellten Mannes, das aber ganz verlassen war, musste ich in der Nacht füttern lassen. Kurz vor unserem Weitermarsch kam ein Husar in mein Zimmer und zeigte mir an, dass er soeben erfahren habe , die Wände des Korridors dieses Schlosses seien nichts weiter als Wandspinde, die sämtlich voller Schätze von hohem Werte wären: ob ich nicht genehmigen wollte, dass dieses untersucht werden dürfe, und wenn es sich bestätige, das etwa Vorhandene für gute Priese erklärt werden möchte. Ich eröffnete ihm aber, dass wir uns hier nicht zum Plündern und Stehlen befänden und wünsche nicht, irgendjemand von dem Kommando auf solchen Wegen der Schande für den Preußischen Namen zu treffen.

Da ich bald nach dem Einmarsch der Armee in Paris noch nichts erfuhr, was über mich auf meine Immediat-Eingabe von Lüttich aus verfügt worden, so bat ich das Militär-Kabinett und erhielt hier von dem Flügeladjutanten Obersten v. Thile die Kunde, dass der allerhöchste Befehl schon längst erlassen, wonach ich sofort in mein Regiment zurücktreten sollte. Der Oberst war ganz verwundert, dass mich dieser Befehl nicht schon vor der Schlacht von Belle Alliance getroffen habe. Er gab mir nun anheim noch gleich in mein Regiment zurückzutreten oder wenn ich weiter dienen wolle, mich in ein anderes Regiment versetzen zu lassen, welches von ihm sofort veranlasst werden würde. Ich dankte aber für diese Geneigtheit, sprach vielmehr die Absicht aus meinen Abschied nachsuchen zu wollen, da der Krieg beendigt sei und ich nicht willens wäre, im Frieden als Soldat fortzudienen, sondern meine Zivil-Laufbahn zu verfolgen; der Abschied wurde mir aber Allerhöchsten Orts versagt.

Das Korps ging von Paris nach Chartres, von hier nach Paris zurück und trat dann im November den Rückmarsch in die Heimat an. Als ich mit dem Stabe im Monat Januar 1816 zu Berlin angekommen war und ich, nun ins Militär-Ökonomie-Department überzutreten, mich bei dem nach Königsberg zurückkehrenden kommandierenden General Grafen Bülow v. Dennewitz abmeldete, sagte er wörtlich:

„Sie haben meinem Korps und der ganzen Armee wichtige Dienste geleistet, ich danke Ihnen dafür: die Eile des Feldzuges gestattete mir nicht, für Sie bis jetzt etwas tun zu können, allein so, wie ich nach Königsberg zurückkomme, soll es mein erstes Geschäft sein, Sie bei seiner Majestät dem König behufs Avancements zum Kapitän in Vorschlag zu bringen."

Dies ging aber nicht in Erfüllung, weil bekanntlich der General bald nach seiner Rückkehr plötzlich an Nervenfieber in Königsberg verstarb. Die Verheißung derselben war jedoch zwei Jahre später von Erfolg, indem ich im Jahre 1817 von 6. (24) Landwehrregiment als Premier Leutnant zum 20. Landwehr-Regiment überging und bei

Letzterem den 10.April 1818 zum Hauptmann und Kompanie-Führer avancierte.

Als der General v. Hake 1820 Kriegsminister wurde und ich später mich ihm vorstellen durfte, sagte er zu mir:

„Es freut mich, Sie hier wieder zu finden, ich denke noch daran, als ich 1915 auf dem Marsch nach Paris Gelegenheit hatte, Ihre Dienste anerkennend und lobend zu erwähnen".

Nachdem ich dem Herrn Minister für die Gütigkeit meinen Dank abstattete und meine Besorgnis darüber ausgesprochen hatte, dass ich über den damals ausgeführten ehrenvollen Auftrag nichts Schriftliches in den Händen hätte usw. erwiderte er mir:

„Was Sie getan haben, ist vor den Augen der ganzen Armee geschehen, mir und allen anderen Generalen, ja jedem Soldaten ist es bekannt, denn ich kann Ihnen zur Beruhigung sagen, dass, wenn die Soldaten und Offiziere von dem anstrengenden Marsche und der Hitze sich ein wenig ausruhten, sich an dem vorgefundenen Wein, Fleisch und Brot usw. erquickten, sie alle wie aus einem Munde riefen: das hat uns der Leutnant Johow mit seinen Husaren gestanden. Sie hören also von mir selbst, in welchem ehrenvollen Rufe Sie bei der Armee gestanden haben und noch stehen."

Der Minister fuhr fort:

„Ich glaube nicht, dass es je einen Mann jetzt oder später einfallen könnte, Ihnen Ihr Kommando, wobei Ihr und des Detachments Leben jede Minute auf dem Spiel stand und was Sie, wie ich recht gut weiß, nur durch entsprechende Haltung und rechtzeitige Vorsicht zu erhalten gewusst haben, nicht als Militärdienst und noch weniger nicht als Kriegsjahr nehmen wollte. Die Armee braucht tapfere Männer in der Schlacht und, dass Sie ein solcher sind, haben Sie bewiesen: Die Armee muss aber auch Männer haben, die neben diesen Eigenschaften auch die Bildung besitzen, dass sie im höheren und allgemeinen Interesse der Armee Aufträge der kommandierenden Generale auszuführen vermögen. Dies haben Sie nicht allein unter meinen, sondern auch vor den Augen sämtlicher Generale der Armee im Auftrage Ihres kommandierenden Generals zur vollkommensten und allseitigen Zufriedenheit und Anerkennung ausgeführt, ein Gleiches auch 1813/14 getan, was mir wohl bekannt ist. Beruhigen Sie sich, ich werde sofort danach Ihre persönlichen Verhältnisse aktenmäßig ordnen lassen."

Bevor ich nun schließe, will ich noch hinzufügen, dass ich neben mir einen Bruder 1813 freiwillig mitnahm, der aber das Unglück hatte, das ganze Jahr hindurch Ersatzmannschaften der Armee nachzuführen und erst vom Ausgang des Jahres 1813 an der Belagerung von Mainz beiwohnen zu können. Als er die Schlacht bei Ligny am 16. Juni 1815 mitmachte, erhielt er einen Schuss in den Fuß und musste deshalb ins Lazarett gebracht werden aus dem er nach erfolgten Frieden erst zurückkehren konnte.

Ein jüngerer zweiter Bruder[9] kam mir nach der Schlacht am Hagelsberg nachgegangen, um mitzufechten, er war jedoch noch nicht sechzehn Jahre alt und die Infanterie wollte ihn deshalb als Freiwilligen nicht einstellen. Allein ein Kavallerie-Regiment erklärte sich dazu bereit und ich kaufte ihm daher ein Pferd mit allem Zubehör. Als er mit demselben auf dem Weg nach dem Stellungsplatze war, um ins Regiment eingereiht zu werden, scheute das Pferd und schlug mit dem Reiter so unglücklich hintenüber, dass meinem Bruder der rechte Arm zweimal sehr gefährlich zerbrochen wurde und er erst nach einer Kur

---

[9] Friedrich Wilhelm Johow , Urgroßvater meines Vaters

von anderthalt Jahren, weil er einem Pfuscher von Chirurgen in die Hände gefallen, wieder hergestellt war.

Nur wenn ich diese beiden Fälle betrachte, so fühle ich mich schon sehrdankbar verpflichtet gegen Gott, der mich so wunderbar in vielen Gefahren, selbst bei vielfachen Stürzen mit meinen Pferden, geschützt und mein Leben erhalten hat. Wie viel größer ist aber dies Dankgefühl, wenn ich in Betracht ziehe, wie viele, viele Tausende außer den während der drei Jahre Getöteten, an ihren Wunden gelitten haben und noch leiden, die fast keinen Augenblick ohne Schmerzen, noch dazu Mangel haben und ihr Leben kummervoll fristen.

Da meine Militärdienste im Frieden eine Fortsetzung der Kriegsdienste sind, so führe ich schließlich nur noch an das ich:

1817	als Premier Leutnant vom 6,- nachher 24 – Landwehr – Regiment ins 20. Landwehr Regiment übertrat, in demselben
1818	am 10 April 1818 zum Hauptmann und Kompanie- Führer avancierte,
1819	und
1826	zur Dienstleistung beim 20. Linien-Regiment kommandiert war und mir beide Male die Ehre zuteilwurde, zum Eintritt in dasselbe von dem Offizier – Korps aufgefordert zu werden, was aber ich aber deshalb ablehnen zu müssen glaubte, weil ich bereits verheiratet war, schon Familie hatte und die gewissen öfteren Versetzungen nun so mehr beachten musste, als es mir und meiner Frau an Vermögen fehlte. Endlich den erbetenen Abschied erhielt.

gez . **Johow** Hauptmann a. D.

Nachwort

Ernst Johow

Der Hauptmann Johow war in Lindow am 10.1. 1790 geboren und hatte die Vornamen Carl Johann Siegmund erhalten. Seine Eltern waren der am 15.3.1766 in Klosterheide geborene Bäckermeister und Ratsmann Johann Siegmund Johow und dessen am 28.10.1786 im Alter von sechzehn Jahren angetraute Ehefrau Maria Dorothea Jänicke, Tochter des Tischlermeisters Johann Jänicke aus Rheinsberg. Sie hatten 11 Kinder, davon 6 Söhne, als Ältester von Ihnen der Hauptmann Johow. Nachdem die Mutter 1813 im Alter von 43 Jahren gestorben war, heiratete der Bäckermeister Johow am 20.8.1819 erneut, und zwar die einzige Tochter des Bäckers Christian Doss zu Lindow, Anna Luise Dorothea Doss. Deren drei Töchter starben in jungen Jahren und nur der am 2.5.1827 geborene Sohn, Carl Reinhard Otto blieb am Leben, wanderte nach Lettland aus und wurde der Großvater von Maximilian Johow in Berlin.

Der in der Schlacht bei Ligny 1815 verwundete jüngere Bruder des Hauptmanns Johow war der am 15.9,1793 geborene Johann Heinrich, der später Zollinspektor in Berlin war und einen Sohn und zwei Töchter hatte, von denen nichts Näheres überkommen ist. Der zweite jüngere Bruder des Hauptmanns der, noch nicht 16 Jahre alt, mitkämpfen wollte, ist mein Urgroßvater Friedrich Wilhelm Johow, geboren am 3.11.1793 in Lindow, Polizeileutnant in Berlin und hochbetagt am 7.2.1885 dort gestorben, nachdem er viermal verheiratet war. Aus der Zweiten Ehe ist der Urgroßvater des Pianisten Hans Johow hervorgegangen. In der Dritten Ehe heiratete er am 6. 4. 1831 die damals achtzehnjährige Alma Friederike Küster, Tochter des Hofpredigers Emil Theodor Ludwig Küster zu Köpenick. Dieser stammt aus einem Geschlecht, dem auch die Ahnen der Ehefrau meines ältesten Neffen Knut Pepp Müller, Karin geb. von Küster, wahrscheinlich angehören.

Von den vier Söhnen des Hauptmann Johow, der 1818 geheiratet hat, wurde Adalbert wohl der Älteste, Geheimer Medizinalrat in Jena und Reinholdt Geheimer Oberjustizrat in Berlin. Er hat das dritte Buch, Sachenrecht, des Bürgerlichen Gesetzbuches maßgeblich gestaltet und die Entscheidungen des Preußischen Kammergerichts, dessen Präsident er war, in "Johows Jahrbüchern" herausgegeben. Sein angenommener Sohn Hans, später Marinebaumeister, verfasste ein Handbuch über Schiffbau, bekannt als "Der Johow" (erste Ausgabe August 1884). Die zwei anderen Söhne Julius und Franz kämpften 1870 als Majore in der Schlacht bei Spichern und wurden beide verwundet. Franz starb an der Verwundung wenige Tage danach und ruht in Ehrental bei Saarbrücken. Sein Grab habe ich im Mai 1968 aufgesucht und in den angefügten Bildern festgehalten. Julius war später Postdirecktor in Wolgast und dann in Lübben.

Adelbert hatte neben drei Töchtern zwei Söhne. Friedrich studierte in Bonn und wurde Professor für Botanik in Santiago. Er war der Vater von Margarita Johow und der Urgroßvater von Bruno Behn. Der zweite Sohn ist der im Vorwort erwähnte Generalmajor. Er war mit einer Engländerin verheiratet und starb in Berlin 1945 in hohem Alter ohne Nachkommen. Meine Schwester Hilde und ich erinnern uns gern der gastlichen Aufnahme in seinem Haus in Berlin-Dahlem in der Zeit unseres Studiums in Berlin Mitte Ende der zwanziger Jahre.

Ernst Johow

Bonn, 1969